高等职业教育酒店管理与数字化运营专业教材
校企双元职业教育规划教材

U1011297

酒店财务数字化管理

胡善松　钟文梓　主编

JIUDIAN CAIWU
SHUZIHUA GUANLI

中国轻工业出版社

图书在版编目（CIP）数据

酒店财务数字化管理 / 胡善松，钟文梓主编.
北京：中国轻工业出版社，2024. 11. --ISBN 978-7
-5184-5090-9

Ⅰ. F719.2-39

中国国家版本馆 CIP 数据核字第 2024T6Y179 号

责任编辑：贺晓琴　　责任终审：高惠京　　设计制作：锋尚设计
策划编辑：史祖福　　责任校对：晋　洁　　责任监印：张　可

出版发行：中国轻工业出版社（北京鲁谷东街5号，邮编：100040）
印　　刷：艺堂印刷（天津）有限公司
经　　销：各地新华书店
版　　次：2024年11月第1版第1次印刷
开　　本：787 × 1092　1/16　印张：13.5
字　　数：302千字
书　　号：ISBN 978-7-5184-5090-9　定价：59.00元
邮购电话：010-85119873
发行电话：010-85119832　010-85119912
网　　址：http://www.chlip.com.cn
Email：club@chlip.com.cn

230514J2X101ZBW

前言

说到酒店财务，大部分人就会想到记账、算账，认为酒店财务都是财务部门的事情。其实，酒店里的所有部门和员工都与酒店财务管理有着密不可分的关系。酒店财务管理作为酒店管理的核心之一，凡涉及酒店资金流向的环节，从采购到加工、销售，到资金回笼，再到采购，处处都渗透着财务管理。酒店资金的循环过程被称作酒店供应链体系，其是否高效有序运转，决定酒店运营的财务目标能否实现。

本教材由酒店财务入门、酒店采购、酒店存货管理、酒店成本费用管理、酒店收入审计、酒店应收应付、酒店税金管理、酒店财务报表、酒店财务预算和酒店财务分析十个项目组成。本教材遵循酒店实际运营的脉络，分别描述酒店资产、采购、收货、盘点、收银、税金、审计、应收、应付等环节的流程及注意事项，目的是使读者能够清楚酒店实际运营中的物资流向及其财务内部控制方式。在此基础上，简单介绍酒店财务报表及财务分析，使读者明确酒店各部门的营业收入、营运过程的物料消耗、人工成本费用、能源消耗及经营利润均会在报表中以数字形式体现，将这些数字汇总整理后即形成报表。本教材各个项目不同任务配备有微课，扫描书中二维码即可观看，是本教材的创新性和实用性所在，教材的理论知识与实操练习相互呼应。各个项目的内容从易到难，循序渐进，形成了一个知识系统闭环，既可以评估学生的学习情况，又可以进行测验，符合当前高等职业教育的特点。

本教材由三亚中瑞酒店管理职业学院胡善松、钟文梓担任主编，徐祥升、李妍担任副主编，李璐、罗耿、耿舒心、邓博阳、曲艺参与编写。具体编写分工为：项目一、项目九由钟文梓编写，项目二由罗耿编写，项目三由徐祥升编写，项目四由李璐编写，项目五、项目八由耿舒心编写，项目六由曲艺和钟文梓共同编写，项目七由邓博阳编写，项目十由李妍编写。胡善松从行业的角度对本教材提供了大量的宝贵意见及建议，钟文梓负责全书的结构设计及统稿工作。

本教材在编写中参考了诸多国内外相关书籍、报刊、网络资源等文献资料，并引用了相关资料中的部分内容及观点，特此向相关文献资料作者致以谢意。

由于编者水平所限，书中疏漏与不足之处，恳请读者批评指正。

编　者

2024年5月

目录

项目一

酒店财务入门

项目描述

酒店作为一个特殊的会计主体，其经济业务涉及方方面面，不同方面的经济业务，其性质和特征有所不同，这就需要我们将企业的经济业务与财务要素按照其性质特征进行归类，通过财务来看企业生产经营的状况。酒店财务部属于酒店的决策管理系统，是酒店实行全面经营管理和经济核算的重要职能部门，担负着酒店的经济效益核算、财产物资管理、财务预算管理和为酒店管理者管理决策提供科学依据、充当参谋的重任。本项目将通过4个任务，来讲述酒店财务管理的概念、目标与原则，酒店财务部门岗位设置情况及各岗位主要工作职能。通过对酒店财务基础的认知，掌握酒店生产经营基本状态。

学习目标

❶ 知识目标

（1）描述酒店财务管理的目标与方法。

（2）熟悉酒店财务管理的基本内容。

（3）描述酒店财务部各岗位管理职能。

❷ 能力目标

（1）能够厘清酒店财务各岗位工作内容。

（2）能够识别酒店涉及的各种财务关系。

❸ 思政目标

遵守国家相关法律条款及会计准则。

任务1 酒店财务基础

一、任务导入

某星级酒店注册资本1亿元，职工300余人，客房270多间，餐饮营业面积2000余平方米，于2020年正式开业，开业半年后，发现累计亏损300余万元。酒店管理层要求财务部对酒店亏损情况进行全方位的调查，找出亏损原因。经财务部对酒店各部门生产经营情况调查后得出结论，酒店各部门财务控制不力，存在较多漏洞，如酒店餐饮采购物品价格偏高，高出市场平均价格近20%；验收部门验收不严格，计量单位控制不力；仓库管理未按规章制度执行，出现账实不符情况及存货过期、丢失情况；餐饮厨房未按照标准菜谱进行操作，菜品原材料浪费较严重；各部门办公用品使用浪费严重，能源管理控制不力，酒店经营费用严重超支等。

针对上述情况，如果你是该酒店财务部负责人，你会采取哪些措施，来帮助酒店减损止亏？

思考：酒店财务管理的目标、内容和方法有哪些？

二、理论知识

（一）酒店财务管理概述

1. 酒店财务管理的目标

酒店财务管理的目标是酒店财务管理活动所希望实现的结果，是评价酒店财务管理活动是否合理的基本标准，是酒店财务决策的出发点和落脚点，是财务管理和运营的驱动力。酒店财务管理的目标主要有以下三种：利润最大化、股东财富最大化、企业价值最大化。

（1）利润最大化　财务管理工作的最终目的是不断增加企业利润，使企业利润额在一定期间内达到最大化。其优点是考核具体化，适用范围广。缺点是没有考虑利润的取得时间；没有考虑利润和投入资本额的关系；没有考虑利润转化能力。

（2）股东财富最大化　通过科学合理的财务管理方法，为股东带来最多的财富。一般来说，在股票数量一定的情况下，股票价格最大化时，股东财富达到最大化。

（3）企业价值最大化　通过酒店财务合理经营，采用最优的财务管理政策，充分考虑资金的时间价值和风险与回报的关系，在保证酒店长期稳定发展的基础上，酒店总价值达到最大。

2. 酒店财务管理的内容

（1）筹资管理　任何一个企业从事生产经营活动都必须从筹集资金开始，酒店也不例外，只有拥有一定数量的资金，企业才能开展正常的生产经营相关活动，比如购买劳动资料、劳动对象，支付工资和其他各项费用等。因此，酒店筹资管理成为酒店财务管理中重要的内容。

酒店筹资可以采取多种形式，但归纳起来无外乎两种：内部筹资和外部筹资。内部筹资是指酒店通过计提折旧和利润留存而形成的。外部筹资是指酒店通过吸收直接投资、发行股票、银行借款、发行债券、租赁、商业信用等形成的。酒店一般应在充分利用内部筹资之后，再考虑外部筹资问题。

在确定了筹资方式后，酒店还要考虑筹资的组合、筹资风险、筹资成本等问题，从而合理安排酒店的资金来源，优化资本结构，降低筹资成本，控制筹资风险。

（2）投资管理　企业筹资的目的是投入使用，资金只有在使用中才会产生增值。因此，投资方向的选择，投资时机的判断，投资金额的确定，投资风险的规避，投资收益的目的是否达到预期，构成了投资管理的重要内容。

酒店投资包括固定资产投资、流动资产投资、证券投资和对其他企业的投资。酒店投资决策的好坏对于其日后资金运用有着重要的影响，一旦投资决策失误，就会导致酒店经营不善，甚至破产。因此，酒店在进行投资时，必须认真分析影响投资的各种因素，科学地进行可行性研究分析，正确把握、控制投资的收益和风险，选择最佳的投资方案，才能取得良好的投资效果。

通常酒店在进行投资决策时，首先，要拟定投资的基本方针，如投资项目、投资选址、投资规模、投资等级、投资金额等；其次，要制定多种可供选择的方案进行论证，反复筛选、对比、计算、分析，选出一个最合理的方案；最后，确定执行方案，项目一旦进入实施，必须严格按照既定的工作计划执行，对每一项投资的支出要严格审核，做好管控。

（3）营运资金管理　投入酒店内部的资金就形成了酒店的对内投资，形成了酒店的固定资产、流动资产、无形资产等，这些资产构成了酒店运营财务管理的重要内容。

酒店资产管理中，流动资产是日常营运过程中需关注的重点，其也称之为营运资金。营运资金有广义和狭义之分，广义的营运资金是指在酒店的流动资产总额，包括现金、银行存款、短期投资、应收账款、应收票据、预付账款、存货等。狭义的营运资金是指净营运资金，是酒店的流动资产减去流动负债后的余额。流动负债主要包括短期借款、应付票据、应付账款、预收账款、应付职工薪酬、应交税金等。只有严格加强对营运资金的管理，加速流动资金的循环周转，不断增加酒店的营业收入，减少资金占用，才能提高酒店的经济效益。

（4）收入管理　酒店收入管理指的是酒店营业收入管理，是酒店在一定时期内从事生产经营活动所取得的各项收入，包括出租客房、提供餐饮、场地租赁及其他服务所取得的收入。从收入项目上看，主要包含房费收入、餐饮收入、场地租赁、商品销售、洗衣收入、停车费收入等。其中，客房收入和餐饮收入是酒店的主营业务收入，其他收入属于酒店的其他业务收入。

酒店需加强对营业收入的管理，合理制定各项产品、服务的价格，确保营业收入及时准确回收，保证资金的正常循环和周转，以及酒店生产经营活动的正常运行，为酒店创造更好的经济效益。

（5）成本费用管理　酒店成本费用反映了酒店在生产经营过程中资金的耗费情况。严格控制成本费用，不断降低成本费用，对于在当前激烈的市场竞争中能立于不败之地和扩大酒店利润具有重要意义。

酒店在生产经营中发生的各种耗费，为便于管理控制，一般将其直接支出部分列入营业成本，未列入成本的各项耗费列入期间费用。酒店的营业成本包括餐饮经营中的食品原材料和饮品的耗用成本，商品销售中商品进价成本等；酒店的期间费用是指酒店在经营过程中发生的与经营管理活动有关的费用，这些费用应直接计入当期损益，需要从酒店的当期经营收入中得到补偿。

（6）利润管理　酒店在生产经营中取得收入，按照酒店会计核算原则，首先要补充酒店的生产经营成本，耗费的各项费用，缴纳的各种税金及附加，再加上投资收益和营业外收支净额，最终形成利润。实现利润后，按照国家有关规定，缴纳所得税，剩余部分就形成酒店的净利润。净利润要在酒店、员工、投资者之间进行合理分配。

3. 酒店财务管理的方法

财务管理方法是酒店组织财务活动、处理财务关系、实现财务管理目标所运用的技术手段。酒店财务管理的方法主要包括：财务预测、财务决策、财务预算、财务控制、财务分析。

（1）财务预测　财务预测是财务决策的基础，也是编制财务预算的前提。财务预测是指酒店在认识和掌握资金运动规律的基础上，根据相关历史资料和各种信息，结合酒店内外部环境，运用科学的预测方法，对酒店未来财务活动及其发展趋势所做的预计和测算。

酒店财务预测的内容主要包括：资金预测，如资金需求量及其来源的预测、资金市场预测、投资收益预测等；收入预测，如客房收入、餐饮收入、宴会收入预测等；成本费用预测，根据收入预测情况对应产生的营业成本、经营费用预测等；利润预测，如销售利润预测，总利润、净利润预测等。

财务预测的方法一般分为定性预测法和定量预测法。定性预测法是建立在经验判断、逻辑思维和逻辑推理基础上。其主要特点是利用直观的材料，依靠个人经验的综合分析，对事物未来状况进行预测。定量预测法是通过分析事物各项因素、属性的数量关系进行预测的方法。其主要特点是根据历史数据找出其内在规律，运用连贯性原则和类推性原则，通过数字运算对事物未来状况进行数量预测。这两类方法并不是相互孤立的，在进行财务预测时，经常要综合运用。

（2）财务决策　酒店在财务预测的基础上，要进行财务决策。财务决策是指根据财务目标的要求，从若干可供选择的方案中，选出最优方案的判断分析过程。财务决策是财务管理的核心，决策正确与否直接影响酒店的生存与发展。进行财务决策需经过以下四个步骤。

①确定决策目标，确定决策所要解决的问题和达到的目的。

②进行财务预测，通过财务预测，取得财务决策所需要的经科学处理的预测数据。

③方案评价与选优，指依据预测结果，建立若干备选方案，并运用决策方法和根据决策标准对各方案进行分析论证，做出综合评价，选取其中最为满意的方案。

④决策过程的结束，还需要进行具体的计划安排、组织实施，并对计划执行过程进行控制和收集执行结果的信息反馈，以便判断决策的正误，及时修正方案，确保决策目标的

出现。

（3）财务预算　财务预算是落实财务决策的一种行动计划，是以财务决策结果和财务预测情况为依据，运用科学的方法，以货币为主要量度，对酒店未来财务活动发展状况，按照事务发展趋势进行合乎客观规律的规划，以指导酒店开展经营活动。酒店财务预算的主要内容包括经营预算、非经营性费用预算、投资预算和财务预算四大类。

①经营预算，指酒店日常发生的各项基本经营活动的预算，其中最主要的是销售预算，其他的各项成本、费用则依据销售预算的业务量分别编制。具体包括销售收入预算、营业成本预算、营业费用预算、人工成本及员工福利预算、教育培训费用预算、销售费用预算、管理费用预算、能源消耗预算、采购预算、维保费用预算等。

②非经营性费用预算，主要包括固定资产折旧、房产税、财产保险、无形资产、大修准备摊销、贷款、利息支出等各项支出预算。

③投资预算，指对固定资产的购置、扩建、改造、更新及其他投资等，在可行性研究的基础上编制的预算。它主要包括固定资产购置、基建投资和更新改造预算。投资预算编制的内容包括购置或投资的时间、内容、资金的来源、可获得的收益、现金净流量、回收期等。

④财务预算，指酒店在计划期内反映的有关预计现金收支、经营成果和财务状况的预算，主要包括预计现金流量表、预计损益表、预计资产负债表，也称总预算。

（4）财务控制　财务控制是指按照一定的程序与方法，确保酒店及其内部机构和人员全面落实和实现财务预算的过程。它的特征有：以价值形式为控制手段；以不同岗位、部门和层次的不同经济业务为综合控制对象；以控制日常现金流量为主要内容。

按照财务控制的功能，可将财务控制分为预防性控制、前瞻性控制和反馈控制。

①预防性控制，又称排除干扰控制，是为了避免产生错误或尽量减少今后的更正性活动，防止资金、时间或其他资源的损耗而采取的一种预防保证措施。例如，酒店将预算指标分解到各归口部门，使预算指标的实现有切实可靠的保证；又如，制定现金使用范围、费用开支标准等，都属于这一控制范畴。

②前瞻性控制，又称补偿干扰控制，是指通过对实际财务运行系统进行监控，在拥有大量信息的基础上，运用科学方法预测可能出现的偏差，并采取一定措施，使差异得以消除的一种控制措施。例如，为了控制餐饮成本，随时分析成本率，在发现问题时及时采取措施加以调整；又如，为了执行限额制度，在酒店内实行限额发料、限额开支等措施，得以保证预算指标的执行。

③反馈控制，又称平衡偏差控制，是指通过对实际财务运行系统进行监控，及时发现实际与预算之间的差异，并分析差异产生的原因，采取有效措施，调整实际财务活动或调整财务计划，使差异消除和避免今后出现类似差异的一种控制措施。在实际工作中，实际与预算发生偏离是时有发生的，但具体问题要具体分析，如果是实际工作中有误造成的偏差，要及时纠正解决问题，使之符合预算；如果是不可预测因素，或预测、决策造成的偏差，则要根据实际情况及时调整。

（5）财务分析　财务分析是运用财务报表及其他相关信息，通过对一定财务指标进行对比，以评价酒店过去的财务状况和经营成果，并解释酒店未来财务活动趋势及其规律的一种方法。常用的财务分析方法有以下三种。

①趋势分析法，又称水平分析法，是通过对比两期或连续几期财务报告中相同指标，确定其增减变动方向、数额和幅度，来说明酒店财务状况或经营成果的变动趋势的一种方法。采用这种方法，可以分析引起变化的主要原因、变动的性质，并预测酒店未来的发展前景。

②因素分析法，是依据分析指标与影响因素的关系，从数量上确定各因素对分析指标影响方向和影响程度的一种方法。采用这种方法的出发点在于，当有若干因素对分析指标发生影响作用时，假定其他各个因素都无变化，顺序确定每一个因素单独变化所产生的影响。

③比率分析法，是通过计算各种比率指标，来确定经济活动变动过程的分析方法。比率是相对数，采用这种方法，能够把某些条件下的不可比较的指标变为可比较的指标，以利于财务分析。

（二）酒店财务部组织架构

酒店财务部组织架构

酒店作为公司制组织，为确保酒店生产运营活动正常运行，实现酒店价值最大化，需要在酒店内部进行合理的分工与合作，明确不同层次的岗位及人员的权利与职责。酒店财务部的组织架构设置一般会根据酒店不同的规模、类型、等级和内部管理的需要而制定，要有利于提高酒店财务管理的效率，一般来说，会分成以下五个分部门（图1-1）。

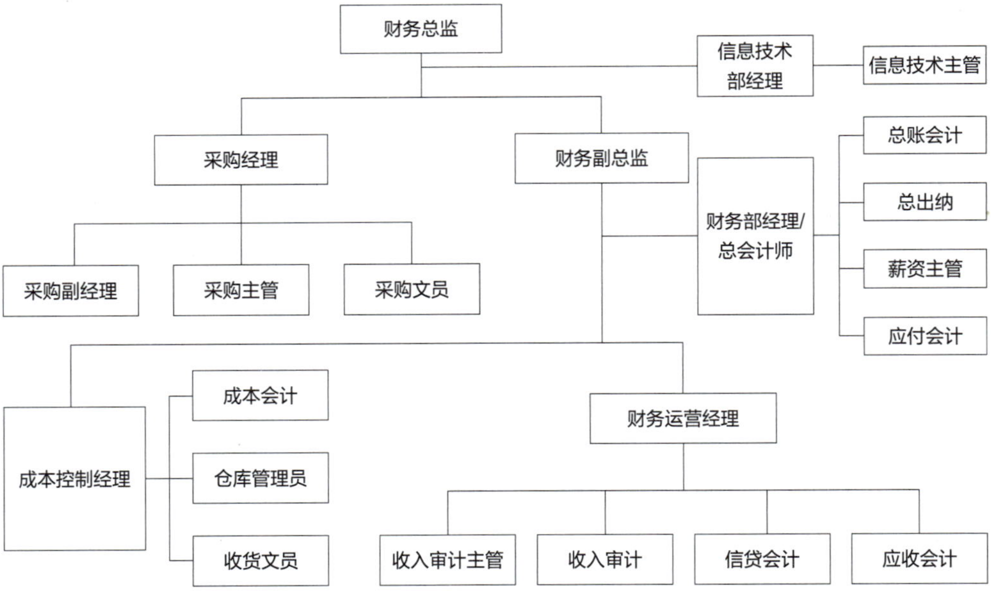

图1-1 某五星级酒店财务部组织架构图

1. 采购部

酒店采购部主要设采购文员岗位，主要负责酒店各项物资的招标采购工作，作为酒店各项原材料进入酒店的唯一途径。

2. 成本控制部

成本控制部主要设有成本会计、收货文员和仓库管理员等岗位，主要负责核算和控制酒店各项营业成本开支，在保证酒店日常生产运营质量的前提下，降低成本，减少费用；负责酒店所有物品的验收工作；负责食材、酒水、日用品、低值易耗品等仓库的管理工作。

3. 财务会计部

财务会计部主要设有总账会计、总出纳、应付会计等岗位，主要负责编制、核算酒店各项经济业务，编制财务报表等；管理酒店所有现金经济业务，以及酒店各项应付账款、付款等。

4. 财务运营部

财务运营部主要设有信贷会计、应收会计、收入审计等岗位，主要负责酒店的信贷管理制度、应收账款管理、每日收入统计及账单稽核等工作。

5. 信息技术部

信息技术部主要设有信息技术员，主要负责酒店的各项电脑互联网技术、网络、弱电管理等工作。

三、理论知识考核

1.【判断题】酒店财务管理的目标就是帮酒店开源节流。 (　　)

2.【判断题】酒店财务管理制度必须完全依照国家相关法规，不得有自己的一套标准。 (　　)

3.【单选题】下列不属于酒店财务管理的内容有(　　)。

A. 收入管理　　B. 投资管理

C. 固定资产管理　　D. 利润及其分配管理

4.【单选题】下列属于酒店财务管理的方法是(　　)。

A. 财务计划　　B. 财务分析　　C. 财务决策　　D. 财务核算

5.【多选题】下列属于酒店财务部的有(　　)。

A. 信息技术部　　B. 成本控制部　　C. 财务会计部　　D. 酒店采购部

四、技能训练

(一) 实训任务单

任务描述	编制一份四星级酒店财务部组织架构图	
实训目的	通过编制酒店财务部组织架构图，能够熟悉酒店财务管理内容	
任务分析	重点	识别酒店财务部门
	难点	识别酒店财务部和各部门之间的关联
任务时长	1小时	

（二）实训准备

酒店规模、员工人数、酒店整体组织架构图、酒店财务部管理制度。

（三）操作步骤

1. 根据酒店整体规模、员工数量确定酒店财务部规模及员工人数。
2. 根据酒店财务部管理制度，确定酒店财务具体的工作任务，制定相关岗位。
3. 根据酒店财务部岗位分布，划分岗位级别。

（四）操作要点说明

设置酒店财务组织架构时，需重点考虑各岗位之间的制约关系，根据财务权责分离的原则，制定相关岗位及级别。

（五）实训过程记录

1. 技能练习

项目	内容
采购部	
成本控制部	
财务会计部	
财务运营部	
信息技术部	

2. 问题讨论

（1）酒店财务运营部和哪些部门业务往来较多？

（2）信息技术部为什么隶属于酒店财务部门？

五、课后拓展任务

查阅《企业会计制度》《饭店业统一会计制度》，识别酒店财务管理制度制定的依据，并说出两个制度的相同点和不同点。

任务2　酒店资产认知

一、任务导入

当你走进酒店大堂（图1-2），映入眼帘的装饰、电脑、沙发等，你所看到的一切，都属于酒店的资产。这些资产吸引着源源不断的客户，为酒店创造收益。

思考：酒店的资产可分为哪几类？

图1-2　五星级酒店大堂

二、理论知识

酒店资产认知

（一）酒店资产的定义

酒店资产是指由过去的交易或事项形成的，并由酒店拥有或者控制的、预期会给酒店带来经济利益的资源。酒店资产具有以下基本特征。

①酒店资产是预期能给酒店带来经济利益的经济资源。预期会给酒店带来经济利益，是指直接或者间接导致现金和现金等价物流入酒店的潜力，如酒店所拥有的厨房设备可以用于制作食品菜肴，通过食品销售，可以使销售收入的货款流入酒店。但如果某机器设备已被淘汰无法再用，已经没有经济价值，不能为酒店带来任何经济利益，就不能继续确认为资产。

②资产是酒店拥有或控制的资源。酒店拥有或控制，是指酒店享有某项资源的所有

权，或者虽然不享有某项资源的所有权，但该项资源能够被酒店所控制。

③资产是由过去的交易或事项形成的。也就是说，资产必须是现实的资产，而不能是预期的资产。例如：不能根据计划中的经济业务来确认资产。

（二）酒店资产的分类

酒店资产是酒店从事生产经营活动的物质基础，表现为不同方面。对各种形态的资产按流动性不同进行分类，可划分为流动资产和非流动资产，流动资产是指预计在一个正常营业周期中变现、出售或耗用，或者主要为交易目的而持有，或者预计在资产负债表日起一年内（含一年）变现的资产，以及自资产负债表日起一年内交换其他资产或清偿负债的能力不受限制的现金或现金等价物。

1. 流动资产

流动资产主要包括货币资金、应收及预付款项、存货等。

（1）货币资金　包括库存现金、银行存款、备用金和其他货币资金等。库存现金包括人民币和外币现金，主要用于酒店的日常零星开支。银行存款是指酒店存入银行和其他金融机构的各种存款。按照国家统一会计制度的规定，酒店收入的一切款项，除国家另有规定的以外，都必须当日交存银行；酒店的支出，除规定可以用现金支付的以外，都应通过银行办理转账结算。备用金是指酒店内部各营业部门作为日常零用的资金，酒店各营业部门的收银点、采购部门都需要一定数量的备用金用于收银找零、处理外币兑换业务、支付垫付款等。其他货币资金是指酒店的银行汇票存款、银行本票存款、信用卡存款、信用证保证金存款、外埠存款和存出投资款等。

（2）应收及预付款项　包括应收账款、应收票据、其他应收款、预付账款等。它们所反映的是酒店收取款项的权利，通常也称为债权资产。酒店应收账款的产生，主要是为了扩大销售，增加收入，允许住店客人在店期间赊账消费，离店后通过各种方式结账。

（3）存货　是指酒店在日常活动中持有以备销售、使用的产成品或商品，或者是处在生产加工过程中的在产品、在生产过程或提供劳务过程中耗用的材料和物料等。由此可见，存货最基本的特征是，酒店持有存货的最终目的是销售，而不是自用或消耗。在企业生产经营活动过程中，存货处在不断地被销售、耗用和重置之中，因此它属于流动资产的范畴，并且是企业流动资产的一个重要的组成部分。

存货由于容易被偷盗和散失，因此必须加强对存货的管理与核算，以正确确定存货的数量和价格，确保存货的安全。

为了加强对存货的管理和核算，酒店业的存货按其来源和用途不同，可分为以下两类。

①原材料。它是指企业购入的各种材料，包括原料及主要的材料、燃料和物料用品等。

②低值易耗品。它是指企业购入的使用期限较短的，或者单位价值较低的，能多次使用而不改变其原有实物形态的各种用具和物品，如行李车、热水瓶、灯具、办公桌、文具用品等。

2. 非流动资产

非流动资产是指流动资产以外的资产，主要包括固定资产、在建工程、工程物资等。

固定资产是指为生产商品、提供劳务、出租或经营管理而持有的，使用寿命超过一个会计年度的有形资产。固定资产一般包括房屋及建筑物、机器设备、运输设备和工具器具等。

例如：酒店的流动资产有财务部门涉及的现金、银行存款；客房部门的一次性牙刷、一次性拖鞋等；餐厅厨房的蔬菜、粮食等。酒店的固定资产有前厅的桌子、电脑；客房部的床、空调等；餐厅厨房的操作台等。

三、理论知识考核

1.【判断题】资产包括固定资产和流动资产。（　　）

2.【判断题】企业只有拥有某项财产物资的所有权，才能将其确认为资产。（　　）

3.【单选题】下列属于企业流动资产的是（　　）。

A. 存货　　B. 厂房　　C. 机器设备　　D. 专利权

4.【单选题】下列属于资产项目的是（　　）。

A. 原材料　　B. 预收账款　　C. 实收资本　　D. 资本公积

5.【单选题】下列属于酒店固定资产的是（　　）。

A. 客房沙发　　B. 现金　　C. 蔬菜　　D. 一次性牙刷

四、技能训练

（一）实训任务单

<table>
<tr><td>任务描述</td><td colspan="2">找出下图中酒店的资产。
</td></tr>
<tr><td>实训目的</td><td colspan="2">通过识别酒店资产，了解资产的特征，能够识别流动资产和非流动资产</td></tr>
<tr><td rowspan="2">任务分析</td><td>重点</td><td>识别酒店资产项目</td></tr>
<tr><td>难点</td><td>识别酒店流动资产和非流动资产</td></tr>
<tr><td>任务时长</td><td colspan="2">1小时</td></tr>
</table>

（二）实训准备

1. 明确酒店资产的定义。
2. 了解酒店资产包含的范畴。
3. 掌握酒店资产的分类。

（三）操作步骤

1. 根据酒店资产的定义，核对图片中符合资产定义的要素。
2. 根据酒店资产的分类，识别图片中不同类型的资产。

（四）操作要点说明

根据酒店资产的定义，确认图片中的物品的功能，分析图片中各项物品是否能够给酒店带来经济利益；根据酒店资产的分类原理，分析图片中各项物品是属于流动资产还是非流动资产，进而对资产类型进行确认。

（五）实训过程记录

1. 技能练习

项目	内容
酒店大堂的资产	
酒店客房的资产	
流动资产	
非流动资产	

2. 问题讨论

（1）酒店前厅的资产有什么特征？

（2）酒店客房的资产有什么特征？

五、课后拓展任务

观察酒店餐饮部，识别餐饮部的资产。

1. 任务准备

收集实习所在酒店餐饮部图片或网上查找酒店餐饮部图片。

2. 记录过程

分类识别酒店餐饮部流动资产和非流动资产。

任务3 酒店负债、所有者权益认知

一、任务导入

酒店属于固定资产投资比较高、资金回收期长的企业类型，因此酒店经营并非所有的资金都由酒店所有权者本身出资筹建、经营，通常会采取向银行借款或者由股东出资的方式筹集大额资金，后期由酒店盈利利润进行偿还或者分红。向银行借款就构成了酒店的负债，股东出资就构成了酒店的所有者权益。

思考：酒店的负债都有哪些？

二、理论知识

酒店负债、所有者权益认知

（一）酒店负债的定义

酒店负债是指酒店由过去的交易或者事项形成的、预期会导致经济利益流出的现时义务。酒店负债具有以下特征。

①酒店负债是由过去的交易或事项形成的现时义务。它是过去已经发生的交易或事项所产生的结果。只有过去发生的交易或事项才能增加或减少酒店的负债，而不能根据计划中的经济业务来确认负债。

②负债的清偿预期会导致经济利益流出酒店。清偿负债导致经济利益流出酒店的形式多种多样，如用现金偿还、实物资产偿还、提供劳务偿还、部分转移资产部分提供劳务偿还或将负债转为所有者权益等。

（二）酒店负债的分类

负债会导致经济利益流出酒店，如无法清偿到期债务，酒店将面临破产清算的潜在风险。负债的表现形态多种多样，对各种形态的负债通常按流动性不同进行分类，可划分为流动负债和非流动负债。

（1）流动负债　流动负债是指预计在一个正常营业周期中偿还或主要为交易目的而持有或自资产负债表日起一年内（含一年）到期应予以清偿或酒店无权自主地将清偿推迟至资产负债表日后一年以上的负债。举例来说，酒店的流动负债就包括向银行筹集的少于一年的借款资金以及借款利息、购买食材的未付货款，酒店经营要交的增值税、企业所得税等税费，还未支付的职工的工资，未支付的股东股利等。对应的在会计中的账户名称就是短期借款、应付利息、应付及预收款项、应交税费、应付职工薪酬、应付股利、其他应付账款等。

（2）非流动负债　非流动负债是指流动负债以外的负债，主要包括长期借款、应付债券等。

（三）所有者权益的定义

所有者权益是指酒店所有者在企业资产中享有的经济利益，其金额等于资产减去负债后的余额，所有者权益也因此被称为净资产。

（四）所有者权益的分类

所有者权益一般分为实收资本（或股本）、资本公积、盈余公积、未分配利润和其他综合收益。其中，盈余公积和未分配利润又合称为留存收益。

（1）实收资本（或股本） 指酒店所有者（投资方、业主方）投入的构成酒店注册资本或者股本部分的金额，也就是通过股东筹资经营酒店的这部分投入资金，是酒店净资产的重要组成部分。酒店的所有者依据所持有的实收资本（或股本）参与企业的经营决策和利润分配。

（2）资本公积 包括资本溢价（或股本溢价）以及直接计入所有者权益的利得、损失等。资本溢价是指投资人缴付的出资额大于注册资本而产生的差额。例如，某上市酒店发行新股，每股面值1元的股票发行价为10元，则每发行1股股票，计入股本的金额为1元，计入资本公积的金额为9元。

（3）盈余公积 指酒店从利润中提取的积累资金。

（4）未分配利润 指尚未分配的净利润，是留于以后年度分配的净利润。它有两层含义，一是这部分净利润没有分给酒店投资者（业主）；二是这部分净利润未指定用途。

（5）其他综合收益 指未在损益中确认的各项利得和损失扣除所得税影响后的净额。

三、理论知识考核

1.【判断题】与所有者权益相比，负债一般有规定偿还期，而所有者权益没有。（　）

2.【判断题】企业各项借款、应付和预付都是企业的债务。（　）

3.【单选题】下列属于企业所有者权益的是（　）。

A. 长期借款　B. 银行存款　C. 预收账款　D. 实收资本

4.【单选题】下列不属于负债项目的是（　）。

A. 应收账款　B. 预收账款　C. 应付账款　D. 应交税费

四、技能训练

（一）实训任务单

任务描述	识别酒店的负债项目	
实训目的	通过识别酒店负债，了解酒店负债的特征，能够识别流动负债和非流动负债	
任务分析	重点	识别酒店负债项目
	难点	区分酒店流动负债和非流动负债
任务时长	1小时	

（二）实训准备

1. 明确酒店负债的定义。
2. 了解酒店负债包含的范畴。
3. 掌握酒店负债的分类。

（三）操作步骤

1. 根据酒店负债的定义，描述符合负债定义的要素。
2. 根据酒店负债的分类，识别酒店不同类型的负债。

（四）操作要点说明

根据酒店负债的定义，确认酒店中潜在的负债要素，分析各项要素是否将给酒店带来经济利益的流出；根据酒店负债的分类原理，分析各项要素是属于流动负债还是非流动负债，进而对负债类型进行确认。

（五）实训过程记录

1. 技能练习

项目	内容
流动负债	
非流动负债	
酒店一线部门的负债	
酒店二线部门的负债	

2. 问题讨论

酒店负债是否有专人进行监控管理？应如何进行管理？

五、课后拓展任务

酒店的长期借款核算的内容包括哪些？长期借款业务与短期借款业务具体的会计处理有何不同？会对酒店造成哪些影响？

任务4 酒店收入、费用、利润认知

一、任务导入

酒店营业过程涉及的经济业务内容较为复杂，不像工业企业和商业企业销售产品或商品那样纯粹。根据《饭店业统一会计制度》，酒店损益表能全面地反映酒店某一特定时间的经营状况及经济效益情况，项目众多，一般会包含各项收入、成本费用、利润及相关统计数据等。入账时，必须分清每一个项目的性质和特点，不能记录错科目。

思考：酒店的利润是如何组成的？

二、理论知识

酒店收入、费用、利润认知

（一）酒店收入的定义

酒店收入是指酒店在日常生产经营活动中形成的、会导致所有者权益增加的、与所有者投入资本无关的经济利益的总流入。其中，日常活动是指酒店为完成其经营目标所从事的经常性活动以及与之相关的活动，如销售商品、提供劳务和出租资产等。

酒店收入具有以下特征。

（1）收入是从酒店的日常经济活动中产生的，而不是从偶发的交易或事项中产生的。

（2）收入能引起所有者权益的增加。也就是说，收入的产生是所有者权益增加的来源，但所有者权益最终是否增加，还要看酒店经济利益流出的情况。

（3）收入的取得会导致经济利益流入酒店。具体可表现为资产的增加或负债的减少，或者两者兼而有之。

（4）收入只包括本酒店经济利益的流入，不包括为第三方或客户代收的款项。例如，酒店代客户购买旅游景点门票，门票价款150元，酒店代买门票收取手续费10元，在这项交易中，酒店收取客户160元，但计入酒店收入的应为10元。

（5）收入与所有者投入资本无关。酒店吸收所有者的投资款应计入所有者权益。

（二）酒店收入的分类

按取得收入的性质不同，收入可分为销售商品收入、劳务收入、出租资产（让渡资产使用权）收入等。按收入在酒店日常生产经营活动中所处的地位，可分为主营业务收入和其他业务收入。

1. 主营业务收入

主营业务收入是指酒店经常发生的、主要业务所产生的收入，它一般在营业收入中所占的比重很大。酒店的主营业务收入绝大部分来自客房收入，客房收入一般可以分为四个部分：临时客房收入、团体订房收入、合同订房收入和其他客房收入。

（1）临时客房收入　通常包括个人或团体每晚订购小于10个房晚的收入，还包括基于或不基于合同而租赁给客人用于永久居住的客房产生的收入。临时入住一般包括以下几类：商业/公司房客、休闲散客、常客或优先房客、旅游散客、外国游客、互联网订房等。

（2）团体订房收入　包括面向团体出租10个或以上房晚所产生的收入，团体定义为集中或一起旅游的多个个人。团体订房收入计入的是扣除批发商出售大批客房折扣后的净值。为方便进行有效的销售营销，团体订房收入一般根据市场部门进行划分，通常包括以下几类：公司、协会、政府、旅游团队、教育机构、批发商等。

（3）合同订房收入　包括与企业、个体就超过30天连续入住一批客房而签署合同产生的收入，合同订房收入以折扣净值入账。如有航空公司员工、正在进行的公司培训研讨会和基于激励的福利计划。

（4）其他客房收入　是与入住客房相关的杂项收入，这种收入在计算客房总收入和每日平均房价（ADR）时应该包括在内，与其他客房收入相关的项目如下。

①预订但未实际入住发生的收入。临时或团体客房在保证支付的前提下预订了客房，但其未能入住客房或在规定的时间内取消了订房，就会产生这种收入。收入的金额只有在能够可靠地计量时才能入账。团体取消订房收入包括在租金和其他收入而不是其他客房收入之内。

②按天计算的收入。这种收入由出租房间作为活动更衣室、招聘面试、电影试映和批发商分销（比如衣服、玩具和其他商品）所产生的收入。

③提前离开费。

④迟退房费。

⑤加床和婴儿床租金。

2. 其他业务收入

其他业务收入是指从日常经济活动中取得的主营业务以外的兼营收入。它一般在酒店的营业收入中所占的比重较小，如酒店停车费收入、场地租赁收入等。

（三）酒店费用的定义

酒店费用是指酒店在日常生产经营活动中发生的、会导致所有者权益减少的、与向所有者分配利润无关的经济利益的总流出。明确界定日常生产经营活动也是为了便于对酒店的盈利能力进行深入细致的分析，正确区别费用与损失。酒店的非日常生产经营活动所形成的经济利益的流出不能确定为费用，而应当计入损失。

酒店费用只有在经济利益很可能流出从而导致资产减少或者负债增加，且经济利益的流出额能够可靠计量时才能予以确认。

酒店费用具有以下特征。

（1）费用是在酒店的日常经济活动中发生的。

（2）费用会导致经济利益流出酒店。具体可表现为企业资产的减少或负债的增加，或者两者兼而有之。

（3）费用会导致企业所有者权益的减少。也就是说，费用的产生是所有者权益减少的因素，但所有者权益最终是否减少，还要看企业经济利益流入的情况。

（4）费用与向所有者分配利润无关。利润是在费用核算的基础上形成的，利润的分配应在所有者权益中进行反映。

（四）酒店费用的分类

酒店费用按其性质可分为营业成本和期间费用。

营业成本是指销售商品或提供劳务的成本。其内容包括主营业务成本和其他业务成本。例如酒店餐饮部门烹饪过程所耗费的原料价值。

期间费用是指酒店在日常生产经营活动中发生的，应当直接计入损益的费用。期间费用包括销售费用、管理费用和财务费用。

1. 销售费用

企业销售费用发生时，借记“销售费用”科目及各有关明细项目，贷记“银行存款”“库存现金”等科目。

酒店为了考核各经营部门和有关工作人员的经营业绩，一般分部门（如客房、餐饮、商场、康乐等）核算各自的营业收入、营业成本、费用、税金以及实现的经营利润。所以销售费用应分别由经营部门设置账页进行明细核算。

酒店客房的布草（被套、被单、枕套等）用量大、洗涤勤、消耗快，一般为大批购进，陆续投入使用。如果在大批量购进时，按低值易耗品一次性摊销或五五摊销，必然会影响企业会计期间费用水平的均衡性，从而导致盈亏状况失真。所以，布草在大批量购进时，列为长期待摊费用，按其使用寿命（约3年）分月摊销较为合理。大批量购进时，借记“长期待摊费用—布草”科目，贷记“银行存款”等科目；摊销时，借记“销售费用—长期待摊费用摊销”科目，贷记“长期待摊费用—布草”科目。

餐饮的碗盘等瓷餐具价值昂贵，往往在使用和洗涤过程中稍有不慎就会造成大量破损，所以必须经常大批量购进补充。由于此项费用很大，购进时也可通过长期待摊费用会计科目进行核算。一般由专业人员测定合理的损耗率，确定每月应分摊的费用额。大批量购进时，借记“长期待摊费用—瓷餐具”科目，贷记“银行存款”等科目。分月摊销时，借记“销售费用—长期待摊费用摊销”科目，贷记“长期待摊费用—瓷餐具”科目。

酒店员工着装的服装费用很高，一般都是批量购进、分别发放，也可比照上述方法核算。批量购进时，借记“长期待摊费用—员工服装”科目，贷记“银行存款”等科目。分月摊销时，借记“销售费用—服装费”“管理费用—服装费”等科目，贷记“长期待摊费用—员工服装”科目。

上述各项物资虽已按长期待摊费用分期核销，但仍应在各有关职能部门设立实物账册认真登记，加强管理，防止产生弊端。

营业部门从经理到服务员的工资分别列入各个部门的销售费用。

2. 管理费用

企业管理费用发生时，借记本科目及各有关明细项目，贷记“银行存款”“库存现金”等科目。

企业在筹建期间内发生的开办费，包括人员工资、办公费、培训费、差旅费、印刷费、注册登记费以及不计入固定资产成本的借款费用等。发生时，借记“管理费用—开办费”科目，贷记“银行存款”等科目。

企业如果筹建时间长，开办费用较大，也可先在“待摊费用”或“长期待摊费用”科目设置开办费专户，用来归集所发生的各项开办费。筹建结束正式营运后按开办费总额分月摊销。开办费用发生时，借记“待摊费用”或“长期待摊费用”科目，贷记“银行存款”“库存现金”等科目。分月摊销时，借记“管理费用—开办费”科目，贷记“待摊费用”或“长期待摊费用”科目。

企业董事会费用包括董事会成员津贴、会议费、差旅费等。这些费用发生时，借记“管理费用—董事会费”科目，贷记“银行存款”“库存现金”等科目。

酒店一般3年左右便要对营业大堂、客房、餐厅甚至店面等处进行大规模重新装修，这项装修费用巨大，属大修理费用性质，一般可采用预提方式进行核算。预提时，由有关专业人员提供若干年后将进行重新装修的费用估算值，据以计算按月分摊的金额，借记“管理费用—修理费”科目，贷记“预提费用—预提装修费”科目。若干年后实际支付装修费用时，借记“预提费用—预提装修费”科目，贷记“银行存款”等科目。支付装修费用时，如原计提之数不足，其差额补列管理费用；如原计提之数有余，留以充抵计提后续装修费之用。

如果装修费用没有事先预提，当发生此项费用支出时，按待摊费用或长期待摊费用处理。支付装修费用时，借记“待摊费用”或“长期待摊费用”科目，贷记“银行存款”等科目，分月摊销时，借记“管理费用—修理费”科目，贷记“待摊费用”或“长期待摊费用”科目。

行政后勤部门从总经理到工作人员的工资列入管理费用；电费、燃料费如无分部门计量的仪表，一般按各自占用经营场地面积大小进行分配。酒店固定资产巨额投资的折旧费，可按各部门实际占用量分配，如果无法分清占用量则列入管理费用核算。绿化费是酒店必不可少的支出。规模大的酒店拥有大面积的树木、花草场地，配有专门人员养护，费用较大；较小的酒店也要购买或租用一定数量的花卉盆景，开支略小。绿化费按实际支出列入管理费用核算。

3. 财务费用

酒店财务费用核算与其他行业相同，无贷款利息支出的企业，发生的存款利息收入在“财务费用”账户贷方反映，月末结转至“本年利润”账户。

酒店费用里面还有一项非常重要的科目即税金核算科目。营改增之后，酒店主营业务交的是增值税，但涉及的其他服务业务、销售业务等需按多种税率进行核算。酒店出租营业场地的房租收入，除缴纳增值税费外，尚要缴纳12%房产税。酒店的所得税，有的经批准查账征收，分月预缴，年终按查账核实的税额多退少补；有的则不论盈亏按核定的所得税额逐月缴纳。

酒店饮食制品和吧台都要核算营业成本。饮食制品成本核算与工业企业不大相同。工业的成本要素是直接材料、直接工资和制造费用；成本计算方法视产品工艺流程繁简，分别用品种法、分批法、分步法等多种计算方法，有的还要计算期末在产品的约当产量，成本核算较为复杂。而饮食制品成本核算较为简单，成本要素仅为构成饮食制品实体的原材料、辅料、调料等购进价值，不计入工资等其他一切费用；成本计算方法一般是月末对厨房未用完的原材料、辅料、调料进行实地盘点，然后倒轧，计算出当月的营业成本。餐饮制品的单项成本，是计算合理销售价格的依据。餐厅吧台酒水、香烟、食品等的成本核算与零售商业相似。如果采用售价核算，月末按售价结转销售成本的同时调整进销差价。

（五）酒店利润的定义

酒店利润是指在一定会计期间的经营成果，利润包括收入减去费用后的净额、直接计入当期利润的利得和损失等。利润金额取决于收入和费用、直接计入当期利润的利得和损失金额的计量。

（六）酒店利润的分类

利润按照构成可分为营业利润、利润总额和净利润。

（1）营业利润　企业在销售商品、提供劳务等日常活动中所产生的利润，它是企业利润的主要组成部分。

（2）利润总额　指营业利润加上营业外收入，减去营业外支出后的金额。

（3）净利润　指利润总额减去所得税费用后的金额。

三、理论知识考核

1.【判断题】只要是有现金收入的交易都可以计入酒店当期收入。（　）

2.【判断题】成本是企业为生产产品、提供劳务而发生的各种耗费，因而企业发生的各项费用都是成本。（　）

3.【判断题】利润是酒店是否可以长久经营的唯一指标。（　）

4.【单选题】下列属于收入要素内容的是（　）。

A. 销售商品取得的收入

B. 提供劳务取得的收入

C. 出租固定资产取得的收入

D. 营业外收入

5.【多选题】下列不属于酒店主营业务收入的是（　）。

A. 饮料收入　　B. 洗衣收入

C. 停车场收入　　D. 客房房费收入

6.【多选题】下列属于酒店费用的有（　）。

A. 购买一次性牙刷　　B. 员工工资

C. 广告费　　D. 办公用品费

7.【多选题】下列会影响企业净利润的是（　）。

A. 销售费用　　B. 管理费用

C. 财务费用　　D. 主营业务收入

四、技能训练

（一）实训任务单

<table>
<tr><td>任务描述</td><td colspan="2">查看以下客房营业日报表，回答问题。
客房营业日报表
2019年10月2日
<table>
<tr><td colspan="2">今日应收</td><td colspan="2">结算</td></tr>
<tr><td>项目</td><td>金额/元</td><td>项目</td><td>金额/元</td></tr>
<tr><td>房金</td><td>840.00</td><td>昨日结存</td><td></td></tr>
<tr><td>加床</td><td>100.00</td><td>今日收款</td><td>2500.00</td></tr>
<tr><td>酒水食品</td><td>10.00</td><td>今日应收</td><td>1300.00</td></tr>
<tr><td>电话</td><td>55.00</td><td>今日结存</td><td>1200.00</td></tr>
<tr><td>餐费</td><td>270.00</td><td colspan="2">宾客挂账内容</td></tr>
<tr><td>洗衣</td><td>25.00</td><td>单位或姓名</td><td>金额</td></tr>
<tr><td>应收合计</td><td>1300.00</td><td rowspan="5"></td><td rowspan="5"></td></tr>
<tr><td rowspan="5">附注</td><td>今日可出租房　间</td></tr>
<tr><td>今日实际出租房　间</td></tr>
<tr><td>出租率　%</td></tr>
<tr><td>今日维修房　间</td></tr>
<tr><td>今日空房　间</td><td>挂账合计</td><td></td></tr>
</table>
客房部主管：　　　　制表：
1. 酒店房务部收入的来源有哪些？
2. 酒店房务部收入的特点是什么？
3. 如何提高酒店房务部收入？</td></tr>
<tr><td>实训目的</td><td colspan="2">通过识别酒店房务收入，了解酒店房务收入的特征，提出提高酒店房务收入的策略</td></tr>
<tr><td rowspan="2">任务分析</td><td>重点</td><td>识别酒店房务收入</td></tr>
<tr><td>难点</td><td>如何提高酒店房务收入</td></tr>
<tr><td>任务时长</td><td colspan="2">1小时</td></tr>
</table>

（二）实训准备

客房营业日报表。

（三）操作步骤

1. 根据酒店客房营业日报表，查看收入项目。
2. 根据酒店收入的定义，分析酒店客房收入的特点。
3. 分析房费收入和其他收入的比例。

（四）操作要点说明

根据客房营业日报表中的各项收入指标数据，熟悉掌握客房收入的特点，并且根据这些客房收入特点，分析提高客房部营收的不同办法。

（五）实训过程记录

1. 技能练习

项目	内容
酒店房务部收入	
如何提高酒店收入	

2. 问题讨论

提高酒店房务部收入的策略有哪些?

五、课后拓展任务

1. 观察酒店餐饮部的收入、成本、利润情况，识别餐饮部的各项基础财务数据（表1-1）。

表1-1　餐饮经营毛利完成情况月报表

项目	菜品	海鲜	面点	酒水	合计
营业收入/元	217,145.00	155,622.00	76,115.00	195,378.00	
减：营业成本/元	108,571.00	69,605.00	20,184.00	123,325.00	
毛利润					
毛利率					

2. 记录过程

（1）认识酒店餐饮经营毛利构成。

（2）计算餐饮经营毛利额和毛利率。

项目二
酒店采购

项目描述

酒店运营成本控制的第一步就是在采购环节进行成本控制，采购环节成本控制的目标不仅是以最低价格采购食品原料，其根本目标是从酒店经营的总体上以最小的投入获得最大的产出。

酒店采购是保证酒店生产经营正常进行的必要前提，也是酒店科学运营管理的开端，同时，采购也是控制成本的重要手段之一，可以帮助企业洞察市场的变化趋势。通过4个任务的学习，可以掌握酒店物资采购方式和采购的管理，以及在采购活动中应遵循的宗旨和采购纪律，在保障采购工作顺利的同时也符合法律法规，严格要求自己，避免违规操作。

学习目标

❶ 知识目标

（1）了解酒店采购的相关概念。

（2）了解酒店采购的目的与类型。

（3）明确采购要解决的问题。

❷ 能力目标

（1）具备掌握采购操作过程和技巧的能力。

（2）具备独立采购运作的能力。

（3）具备分析采购预算与成本控制的能力。

❸ 思政目标

（1）培养学生的采购相关法律法规意识。

（2）培养学生廉洁自律的意识。

任务1 市场调查

一、任务导入

小刘刚毕业，进入某家五星级酒店当成本文员，有一天，经理安排小刘发一份邮件，通知厨房和采购部的相关同事本月下旬进行市场调查的相关事宜，小刘回复收到了经理安排的任务，但当天小刘手上还有其他工作没有完成，忘记发邮件了。到了市场调查当天，小刘和经理到了农贸市场，但没有等到其他人员，在经理的询问下，小刘才发现自己当时没有把邮件发送成功，导致相关人员未知当天有此项安排，没能到达现场，只能取消市场调查，择日再进行。

思考：酒店采购的市场调查需要哪些人参与?

市场调查及定价

二、理论知识

市场调查，简称“市调”，指运用科学的方法，有目的、系统地收集、记录、整理有关市场商品的信息和资料，分析当前食材市场情况，了解市场上食材的价格及其浮动情况，为酒店制定报价提供客观、准确的参考资料，因此在形成新的食材报价之前，一定要经过认真细致的市场调查。食材市场调查类别可分为蔬菜类、水果类、干调类、禽肉类和海鲜类等内容，针对市场上食材的品种、价格、质量、品相做出相应的记录和影像采集，最后形成完整的记录和市场调查分析报告。

（一）市调日期

市场调查工作由酒店财务负责人牵头，成本经理组织酒店各使用部门（主要为厨房人员）和采购部共同参与完成，酒店根据实际运营情况做出最佳的询价日期，每月至少一次，一般在每月下旬进行。

在进行市场调查前，酒店采购部应至少提前三天发布市场调查的邮件通知，并抄送给酒店相关人员，包括财务总监、行政总厨和各厨房厨师长、成本经理、餐厅经理以及人事部经理等，如以上人员因故无法在确定的日期前往，可以调整日期或调换人员。

（二）人员

市场调查应分小组进行，原则上不少于两个小组，每个调查小组应由2～3人组成，分组行动有利于快速地收集所需资料。市场调查品项在多个摊点针对性询价，对市物价局当天公布的市场价格公示拍照记录，并适量使用现金采购市场的食材以便验证价格，无法在多摊点询价或购置的，需不同小组分别询问加以印证价格。

（三）地点

市场调查地点一般是选择大型农贸市场或批发市场，包含线下大卖场如家乐福、麦德龙，线上大型平台如京东、盒马鲜生等，以及当地海鲜蔬菜农贸批发市场，不包括居民区零售市场。在条件允许的情况下，尽量选择两个或两个以上地点作业。

三、理论知识考核

1.【判断题】只要是酒店的员工都可以去进行市场调查。（　　）

2.【判断题】市场调查就是把农贸市场所有的食材都进行询价。（　　）

3.【判断题】酒店市场调查指运用科学的方法，有目的、有系统地收集、记录、整理有关市场商品的信息和资料。（　　）

4.【单选题】市场询价时必须参与的人员是（　　）。

A. 洗衣房员工　　B. 康乐部员工　　C. 总经理　　D. 采购部经理

5.【单选题】在市调当天，以下做法错误的是（　　）。

A. 提前达到约定地点　　B. 对市场价格公示拍照记录

C. 与摊主发生口角冲突　　D. 购买当季水果

6.【多选题】下面选项中，食材市场调查要记录的选项有（　　）。

A. 品种　　B. 价格　　C. 质量　　D. 品相

四、技能训练

（一）实训任务单

<table>
<tr><td>任务描述</td><td>制作市场调查邮件。

From: Wen, Sally <× × ×@marriotthotels.com >
Sent: 2020年11月19日 12:07
To: Yang, Jackson <× × ×@marriotthotels.com >, Guo, Ken <× × ×@marriotthotels.com >, Xu, Hanson <× × ×@marriotthotels.com>, Han, Eric <× × ×@marriotthotels.com >, He, Jerry <× × ×@marriotthotels.com >
Cc: Li.Doris <× × ×@marriotthotels.com >, Fan, William <× × ×@marriotthotels.com >
Subject: 2020年11月市场调查通知

大家好:
Dear All:

采购部定于2020年11月23日（下周一）进行市场调查，8:50从宿舍出发，请成本经理和各厨房安排好参与市场调查人员准时到场，如有任何疑问请及时联系。

The purchasing Department is scheduled to conduct market research on November 23, 2020 (next Monday), and leave the dormitory at 8:50. Please arrange the market research personnel to arrive on time. If you have any questions, please contact me in time.

诚挚的问候!

Best Regards !</td></tr>
</table>

续表

<table>
<tr><td>实训目的</td><td colspan="2">通过制作市场调查邮件，不仅能够知悉参与市场调查前应抄送的人员，同时能够学习邮件中应当体现的重要信息</td></tr>
<tr><td rowspan="2">任务分析</td><td>重点</td><td>市调时间、地点及人员的确定</td></tr>
<tr><td>难点</td><td>邮件的英文书写和语言组织</td></tr>
<tr><td>任务时长</td><td colspan="2">0.5小时</td></tr>
</table>

（二）实训准备

注册公司邮箱、编辑邮件、市场调查所需附件以及邮件接收人名单。

（三）操作步骤

1. 编辑邮件主题。
2. 编辑市场调查邮件内容和添加附件。
3. 收件者编辑栏添加市场调查出席人员，副本编辑栏中抄送各相关部门总监或经理。

（四）操作要点说明

1. 主题应突出重点，不宜冗长。

2. 正文书写简明扼要，准确清晰表达，英文内容应与中文相一致，交代完整信息 检查内容是否有歧义或错别字，在突出重要信息时，可通过粗体、斜体、颜色字体、加大字号等手段进行提示。

3. 如果邮件带有附件，正文里提示收件人查看附件，方便收件人查阅和下载，附件带有特殊格式的，应在文中说明下载格式，以免影响使用。

4. 结尾可包括姓名、公司职务、电话、祝福语等，但信息不宜行数过多。

（五）实训过程记录

1. 技能练习

项目	内容
编写邮件主题	
邮件正文内容	
邮件附带文件	
邮件落款	

2. 问题讨论

（1）为什么发送邮件除了中文，还要有英文部分？

（2）邮件发送成功后，如果行政总厨回复市场调查的日期需要调整，该怎么处理？

五、课后拓展任务

1. 请根据酒店的实际经营情况，找三家酒店附近的食材市场进行市场调查，形成一份市场调查报告。

2. 请分析食材价格变动对酒店采购决策的影响。

任务2 采购定价

一、任务导入

钟经理是某五星级酒店刚刚上任的财务总监，上任没有多久，他就发现该酒店虽然表面上运营得风风火火，但内部存在不少问题，尤其是食材采购方面的问题。这家酒店的采购主要分为两部分：一是食材，二是日常运营物品。食材采购，酒店选择了一家农贸公司作为合作供应商，长期为酒店提供各类食材输送，包括蔬菜类、肉类、蛋类、海鲜类、水果类等，食材质量还算不错，但价格要比普通市场上高出近25%，这就导致酒店的餐饮成本长期居高不下，与同类型酒店相比完全没有竞争力。此外，各部门的采购计划不尽科学，不是根据当天实际需求采购，而是凭各部门负责人的预估，觉得食材快要不够了就去买一批回来，完全没有考虑过价格因素，造成采购成本过高。

思考：酒店各类型原材料的采购定价应如何制定?

二、理论知识

（一）定价周期

在酒店的食材市场调查中，食材的定价周期是分时间分阶段的，一般情况如下：蔬菜类、水果类、禽蛋类、乳制品、鲜肉类、鲜活海鲜类等定价周期为每月一次；咖啡、茶、调味品、粮油米面、干货、冻品类等定价周期为一季度一次；贵价干货、酒水类等定价周期为三个月到半年一次。根据市场价格波动、季节性变化，酒店可自主选择缩短报价周期。

（二）食材调查范围

在进行市场调查时，不得丢项漏项（为提高效率，上月采购金额前500以外的项目可不进行市调），了解市场价格波动并及时调整，季度或半年度定价时以最近一个月市场调查价格为定价依据（表2-1）。

表2-1 某酒店食材调查表

序号	项目	频次	范围（消耗TOP）
1	蔬菜类	月度	该品类采购金额TOP30
2	水果类	月度	该品类采购金额TOP25
3	鲜肉类	月度	该品类采购金额TOP20
4	禽蛋类	月度	该品类采购金额TOP5
5	海鲜（鲜活）	月度	该品类采购金额TOP30
6	乳制品	月度	该品类采购金额TOP10
7	冻肉类	季度	该品类采购金额TOP25
8	贵价干货	季度	该品类采购金额TOP5
9	中西餐调味品类	季度	该品类采购金额TOP50

（三）食材市调价格的获取

原则上，酒店食材的市场调查价格应按以下顺序获取。

（1）当地大型农贸综合批发市场（现金采购收据、录音）。

（2）价格监测网站或电商网站公开价（截屏打印）。

（3）同城同级别酒店市场调查价格或采购价格。

（4）当地大型超市调查价格（拍照打印，仅限无法通过上述方式获取价格的情况）。

（四）价格审核与报告

在完成市调后，应第一时间将市调结果在规定的时限内制作《本月市调成果对比表》，成本部门应对表中所列的本酒店市调成果偏差大且用量多的项目进行重点复核，重新进行多渠道市调，需要调整市调价格的要进行调整，避免影响定价。

市场调查报告的主要内容包括但不限于：市场调查日期、市场调查地点、参与人员、市场调查品项及价格、市场情况分析等，由成本部负责完成市场调查报告的编写。如市场调查品项与酒店实际使用品项存在差异（如涉及粗加工或出成），市场调查报告应注明净价换算过程和换算后的价格（包括出成测试），市场调查报告需经市场调查小组全体成员签字确认，并附全部原始记录及照片、录音等影像证据，由成本部归档备查，酒店财务总监审核签发，签发后的市场调查报告方可作为当期定价依据。

（五）市场招标

酒店招标要符合市场规律，遵循市场确定价格的原则，同时，可以避免市场的无序竞争，起着引导报价，起到良性竞争的有利作用，有效地规范市场秩序。酒店招标基本原则主要有以下几点。

1. 为经营服务原则

在招标与运营发生冲突时，以保证运营为先，所发生的超规事项可先微信或电话请示，获得审批后补相关手续。

2. 招标原则

凡符合邀请招标的采购事项，不得以各种理由或方式规避招标。严禁通过拆解采购事项改变采购方式。对于行业垄断性的招标项目须进行严格审查和求证。

3. 透明规范原则

任何采购事项均应在权责范围内公开透明，杜绝暗箱操作。所有参与采购工作的人员须严格遵守制度，廉洁奉公，不得利用职务以权谋私。

4. 资格预审原则

供方须经过严格的资格审查，符合要求且经审批同意后方可参加投标。

5. 保密原则

投标文件、投标人信息、非公开性质的控制价或测算价、评定标、中标价、相关招标会议或决议等均属绝密信息，无论是否已定标，均不得泄露。凡属职责外的绝密信息不得打听。

6. 充分竞争、性价比最优中标原则

无论采用何种方式，都应遵循货比三家、充分竞争的原则。对于招标项目每次均应按制度要求有适量的投标人参与投标，公平竞争，在满足招标要求的前提下，选择合理低价中标。

7. 集中采购优先原则

积极开展集中采购，通过以量换价，提高采购效益和效率。

8. 维护信誉原则

采购过程应客观公正，并及时做好与供方的沟通、反馈，树立和维护公司良好的招标信誉和形象。

9. 可追溯原则

采购过程的文件、记录、纪要等资料（包括电子文档），均须在采购结束后及时进行整理和归档，因事情紧急等特殊原因，不能按相关流程、规定执行的，须在事项审批时说明情况，保证采购过程的决策透明和可追溯性。

（六）定标流程

定标原则通常以“合理最低价法”确定中标单位。当某项招标项目的最低报价不高于上期定标价格，且不高于本期市场调查价格时，则对应的投标人直接确定中标。如出现最低报价超过2个的，则选择中标项数量占比较大的单位中标；如中标项数量占比相同，则选择中标金额占比较大者中标。

当某项最低报价高于上期定价、本期市调价格或无上期定价，需谈判小组与供应商进行谈判确定该项的本期定价，招标人认为上述满足中标条件的价格不符合市场实际时，也可在上述价格基础上进行降价谈判。如果最低报价人不接受，则次选中标项数占比大的单位供应商谈判，若此时的中标项数占比相同出现多家，则选中标金额占比大者谈判，直至确定供应商。

（七）拟定价格审核与签字

单位定价小组对“本月食材定价测算汇总表”中所列的本酒店定价偏差大且用量多的项目进行重点复核，如果对个别项目存在疑虑，应当重新组织与相关供应商谈判价格，重新调整拟定价格。

定价完成后，由采购部打印纸质文件，采购部食材负责人审核签字—采购部经理审核签字—餐饮负责人审核签字—成本经理审核签字—财务总监签字—总经理签字确认，定价表一经批准，不允许任何人擅自改动。

三、理论知识考核

1.【判断题】经酒店领导批准的食材定价表可以随意改动。（　　）

2.【判断题】市场调查结果对当期定价有参考作用，所以本期市调价格的真实性至关重要。（　　）

3.【判断题】为了防止供应商抬价，酒店所有的食材都要每月定价一次。（　　）

4.【判断题】市调可以在价格监测网站或电商网站查询，因此无需做线下市场调查。（　　）

5.【判断题】当某项最低报价高于上期定价、本期市调价格或无上期定价，则应当与供应商谈判确定价格。（　　）

6.【单选题】鲜肉的定价周期是（　　）进行一次。

A. 一个月

B. 两个月

C. 一年

D. 一个季度

7.【单选题】本月完成定价后，价格审核签字的顺序正确的是（　　）。

A. 采购文员—采购经理—成本经理—财务总监—总经理

B. 采购文员—成本经理—采购经理—财务总监—总经理

C. 采购文员—成本经理—财务总监—采购经理—总经理

D. 采购文员—采购经理—成本经理—总经理—财务总监

8.【多选题】以下属于市场调查报告内容的有（　　）。

A. 报告分析

B. 收货

C. 价格

D. 现金采购

四、技能训练

（一）实训任务单

<table>
<tr><td>任务描述</td><td colspan="2">根据下表项目，找一家农贸市场或超市进行实地市场调查，填写相关物品单价。
市场调查
日期：2022.03.03
调查地点：×××市场
Place：×××Market of Sarya
<table>
<tr><th>类别</th><th>编码</th><th>物品名称</th><th>单价（元/500克）</th><th>单价（元/千克）</th></tr>
<tr><td rowspan="5">肉类</td><td>1</td><td>瘦肉</td><td></td><td></td></tr>
<tr><td>2</td><td>蹄髈</td><td></td><td></td></tr>
<tr><td>3</td><td>猪排骨</td><td></td><td></td></tr>
<tr><td>7</td><td>五花肉</td><td></td><td></td></tr>
<tr><td>9</td><td>猪粉肠</td><td></td><td></td></tr>
<tr><td rowspan="4">禽类</td><td>21</td><td>光鸡</td><td></td><td></td></tr>
<tr><td>22</td><td>文昌鸡</td><td></td><td></td></tr>
<tr><td>24</td><td>光鸭</td><td></td><td></td></tr>
<tr><td>29</td><td>乳鸽</td><td></td><td></td></tr>
<tr><td rowspan="4">海鲜</td><td>65</td><td>基围虾（25～30头）</td><td></td><td></td></tr>
<tr><td>69</td><td>波士顿龙虾（1～1.5千克）</td><td></td><td></td></tr>
<tr><td>73</td><td>海胆</td><td></td><td></td></tr>
<tr><td>76</td><td>花螺</td><td></td><td></td></tr>
</table></td></tr>
<tr><td>实训目的</td><td colspan="2">通过制作食材市场调查表，不仅能够在调查工作中获得第一手材料，为酒店食材定价提供重要的参考依据，同时能够熟悉食材在市场上的价格浮动幅度</td></tr>
<tr><td rowspan="2">任务分析</td><td>重点</td><td>记录食材的种类和价格</td></tr>
<tr><td>难点</td><td>摊主不配合，市场调查价格难以获取，价格数据不够准确</td></tr>
<tr><td>任务时长</td><td colspan="2">3小时</td></tr>
</table>

（二）实训准备

各类食材的零售价格表、图片等。

（三）操作步骤

1. 编辑最新市调价格结果。
2. 与上月市调结果相比较。
3. 与供应商提供的本月食材报价表相比较，原则上供应商提供报价不应高于市调价格。

（四）操作要点说明

1. 对所有的食材品种都应仔细调查并做好记录，因为市场调查价格的正确与否，对本月食材定价产生很大的影响。

2. 在农贸市场询价时，应该礼貌询价，避免与摊主发生口角或肢体冲突。

3. 市场调查时间应尽量选择早上，客流量多且食材品种齐全。如因调查品种多而时间安排过于集中，可根据实际情况分阶段进行。

4. 市场调查中现金采购的食材厨房加工可以利用，由收货部收货，根据实际收货数量开收货记录，当作厨房的食品消耗。

5. 在做市调分析报告时，要根据调查结果实事求是编写，对于部分食材涨幅或跌幅较大的应做重点标记。

6. 市场调查表制作完成后，参与市调的人员必须签名确认，不得漏签。

7. 市调记录（包括但不限于超市价签、现金购买小票、手抄记录、录音等）、定价表原始书面资料应保存到采购部至少10年备查。

（五）实训过程记录

1. 技能练习

项目	内容
制作表头	
制作市场调查表项目	
记录市场调查时间、地点、人物	
录入市场调查数据	
参与人员签字	

2. 问题讨论

（1）市场调查现金采购的食品原材料应该怎么处理？

（2）当遇到不配合的摊主，该怎么处理？

五、课后拓展任务

请探讨酒店在采购定价中如何考虑环境和社会责任。

任务3 采购流程

一、任务导入

采购流程

据资料记载，古代最早的集市出现在两晋南北朝，在州县城以外的水陆交通要道，或关津驿站所在之地形成的集市，也称“草市”。当时交易的商品主要是水产品、盐、酒以及日用百货等生活必需品，所有人借用集市来采购自己心仪的货品。古时候大家很讲口碑以及诚信品德，通过集市，将所有的行业都圈到一起，大家可以在集市上尽情地扫货，甚至说是可以进行一次完美的采购。随着社会的进步与经济的发展，集市类型也发生翻天覆地的变化，像家装展、服装展、车展等，从外观、产品体验、产品的质量等都很明确地给大家提供更加专业的服务。

思考：酒店的采购应遵循怎么样的流程？

二、理论知识

采购原则及方法

（一）酒店采购原则

酒店作为服务型行业，服务质量永远是酒店所有工作的中心。采购工作虽不直接向客人提供服务，但其工作的好坏将直接影响酒店向客人提供服务的质量。比如采购食材的质量则是酒店餐厅出品菜品质量的基础，酒店采购的床、电气设备等的质量会影响酒店的形象和宾客的入住体验。为保证酒店宾客获得良好体验的同时很好地对酒店采购成本进行控制，采购时应遵循如下原则。

1. 按需采购

酒店采购需要遵循按需采购原则，确保采购申请部门提交的采购申请均为其运营必不可少的物品。杜绝申请采购了不需要的物品，避免造成浪费损失，增加酒店成本，占用酒店流动资金。

2. 按时采购

酒店采购需要遵循按时采购原则，确保采购申请部门及时获得其申请采购的物品。如果延迟送货，应当及时报备酒店领导并与供货商沟通到达时间，预备突发应急方案。

3. 按量采购

酒店采购应遵循按量采购原则，确保采购的物品数量符合采购申请部门实际运营所需。通常酒店对每一类物品会根据历史经营情况结合市场预测情况制定标准库存量和存货周转量。采购人员应审核采购的物品数量能够满足申请部门运营所需。

（二）采购对象

在酒店，采购的物资主要为客人提供服务和满足日常运营需要，所需采购的食材种类繁多而且标准复杂。主要有下列几大类。

1. 总仓物品

酒店设置仓库，按照消耗量和安全库存标准进行补仓采购，包含食品、酒水、客用品、清洁用品、物料用品等。

2. 食品

主要为厨房每天都需要使用的鲜活水产类、蔬菜类食品和酒店日常运营所需采购的干货类食品。

3. 酒水

酒店酒水类采购对象主要指酒精类饮品与软饮料。

4. 客用品

酒店客用品采购对象主要指酒店客房的洗浴六小件物品。

5. 棉织品

酒店棉织品采购对象主要指餐饮和客房等需要使用的台布、床上用品等。

6. 玻瓷银

酒店玻瓷银采购对象主要指酒店运营所需的陶瓷、玻璃及银器等器皿。

7. 清洁用品

酒店清洁用品主要指清洁剂、除垢剂、洗手液、消毒液、洁厕剂等。

8. 工程物资

酒店工程物资主要指维修工具、装修装饰等。

9. 杂项物品

酒店运营过程中需要采购的其他物品。

（三）采购方式

采购方式的增加有利于酒店丰富采购的多样化，可以保证日常需求的同时还可以拓宽采购渠道。酒店采购方式主要有以下四种。

1. 常规采购

常规采购又指传统采购，是企业一种常规的业务活动过程，即企业根据生产需要，首先各部门编制需要采购物资的申请计划，由物资采购供应部门汇总成酒店物资计划采购表，组织具体实施的过程。

2. 集团集中采购

鉴于酒店集团采购职能的重要性，以及酒店集团采购的特殊性，酒店集团集中招标采购能降低采购成本、提高采购效率、改善服务质量、满足酒店采购的多样化需求。

3. 紧急采购

紧急采购是指在物料异常、重要接待或酒店因运营急需的物资和设备等紧急状态下，为应对突发情况而进行的采购活动。紧急采购不是酒店正常采购动作，所以尽可能少为妙，一旦紧急采购，面临的风险也相对较大。

4. 电商平台网购

电商平台网购指按照购物网站的采购流程，按照网站的标价直接进行下单、付款、收货的采购方式。考虑到网购产品的质量保证及售后服务保障等因素，一般在“京东商城”“天猫网”等网站上采购，一次性用品、礼品、易耗品类可在“淘宝网”上购买。

（四）采购标准

就采购而言，“质量”这个术语指一个产品是否适合计划的用途，产品越合适，其质量就越高。虽然成本控制的目的是最大限度地降低采购成本，但控制采购成本是以保证所采购物品质量为前提的。所以，酒店一定要严格按照质量要求采购，避免质量过低而影响正常运营或质量过高而达不到成本控制的目的。

下面以圆白菜的食品采购标准为例，介绍某酒店的圆白菜采购标准。

1. 圆白菜规格

重量：2～3千克/棵。

颜色：白/绿色。

气味：无异味。

表皮：浅绿色带白色，叶片有光泽，清脆，无腐烂。

等级：A级。

2. 产品质量要求

产品要新鲜，非冰冻，无外来杂质。被运输的产品质地松脆，无擦伤，产品不得有任何褪色、枯萎的迹象。产品需要放在有制冷设备的卡车上运输，温度保持在3～6℃。

3. 储存

圆白菜不用冷冻储藏，储藏室温度需要保持在3～6℃，放圆白菜的货架至少距离地板30厘米。圆白菜在储存时需要注明日期并贴上标签。

4. 保质期

圆白菜在3℃的室温下可以保持7天。

5. 处理防范措施

所有的设备和工作区域需要保持清洁和卫生，圆白菜不得与熟肉、鲜牛肉、羊肉、鱼和猪肉混放或接触，当对圆白菜进行堆箱处理时，需要小心搬运以避免圆白菜裂开。

（五）三家比价

比价采购是采购商发布采购要求及相应的交易条件，由供应商在规定的时间内竞价，采购商根据信用、价格、成交历史等因素选择最终供应商。酒店在采购时需要至少获取三家供应商的报价，进行比较选择。

酒店遵循三家比价原则可以扩大选择供应商的范围，提高供应商的整体水平。通过比价采购才可能以较低成本获得更好的供应商，同时可以降低供应市场的季节性波动，便于寻找到更稳定的供应源组合。三家比价采购能够提高交易效率，节约酒店与各供应商协商谈判时间，提高采购决策速度，降低采购管理费用，减小存货水平，缩短采购时间，加快现金流动。酒店通过比价采购强化了供应商的竞争，而这种竞争使酒店获得更大收益。酒店通过比价采购能节约采购成本和管理成本。

通常酒店对于同类商品的采购，应保证至少两家供应商能供货（其中一家作为备选供应商），专卖产品或垄断产品除外。需要注意的是酒店在采购大件贵重物品时需要启动招投标流程。

（六）小额采购

在酒店里，针对一些批量、金额较小的小额或零星采购，因其品种分散、采购频率低、应急性强、成本高、风险大的特点，因此，在进行小额采购时应注意以下几点。

（1）物资类、服务类、工程施工类的采购或调研工作应通过采购部独自进行。

（2）所有运营期日耗物资类，应在供应链管理采购系统提出采购申请，实施采购。

（3）金额大于5万但未超过招标限额的采购项目，按规定采取“密封报价”方式。

（4）已确定中标供应商，采购部未经报批，不得擅自调整送货供应商。

（5）5万元及以上业务必须签订采购合同。

（6）5万元以下业务若必须签订合同，由法务部门审核完成并经单位总经理批准后，需求部门参与签订。

（七）多方参与决策

使用部门、采购部门和财务部门共同抉择选用哪家供货商的产品，由采购经理报财务总监审定，财务总监审定后确认供货商，报总经理备案。

（八）采购纪律

为严格规范公司采购行为，切实维护公司和供应商的合法权益，确保公司采购工作的“公开、公平、公正”，从事采购工作时应遵循相关采购纪律，主要包括以下几点。

（1）必须严格执行国家的法律法规和集团公司财务有关规章制度。

（2）采购物资如有赠品，不得擅自扣留，按照收货程序单独制作无金额“收货记录单”，置于仓库保管，经批准后统一安排使用。

（3）杜绝采购工作环节中出现营私舞弊现象，做到以酒店利益为重，严禁索取回扣，获得的任何馈赠应上缴公司，任何构成经济犯罪的行为将上交国家司法机关处理。

（4）对违法、违规行为坚决给予抵制，否则要给予处罚。

（5）采购人员不得擅自隐匿或截留采购资金，设立“小金库”公款私存，一经查出坚决严肃处理。

（6）禁止使用部门不通过采购部自行采购物品或私自与供应商洽谈采购事宜，否则将严肃处理。

（7）任何人不得包庇违反采购纪律的人员，否则一并处理。

三、理论知识考核

1.【判断题】酒店采购时可以不需要比价，直接让供应商报价即可。（　　）

2.【判断题】紧急采购不是正常酒店采购动作，因此面临的风险较大。（　　）

3.【判断题】酒店要严格按照质量要求采购，为了节约成本，可以牺牲采购质量。（　　）

4.【判断题】采购是保证企业生产经营正常进行的必要前提，采购也是控制成本的重要手段之一。（　　）

5.【判断题】总仓补仓时为了部门领货时有货可领，补仓时越多越好。（　　）

6.【单选题】货物质量把关的第一部门是（　　）。

A. 库房　　B. 使用部门　　C. 采购部　　D. 财务部

7.【单选题】以下不属于采购原则的是（　　）。

A. 按时采购　　B. 按心情采购　　C. 按量采购　　D. 按需采购

8.【单选题】采购部寻找供应商报价时，要求不得少于（　　）报价。

A. 一家　　B. 两家　　C. 三家　　D. 四家

9.【多选题】紧急采购适用范围包括（　　）。

A. 重要接待　　B. 工程抢修　　C. 突发事件　　D. 常规物资

10.【多选题】购买过程中要认真检查所购物品的（　　）等标准内容，杜绝不合格商品流入酒店。

A. 品质　　B. 期限　　C. 卫生　　D. 合格证

四、技能训练

（一）实训任务单

<table>
<tr><td>任务描述</td><td colspan="2">新增项目供应商比价。

New Article Request Form
新项目申请单
No.单号：
<table>
<tr><td colspan="3">Department 部门：</td><td colspan="3">Subsection 分部门：</td><td colspan="3">Date Request 申请日期：</td><td colspan="2">Date Required 要求日期：</td><td>ASAP</td></tr>
<tr><td rowspan="3">No.of Item 项目</td><td rowspan="3">Articles & Description 物品名称</td><td rowspan="3">Item Group 类别</td><td rowspan="3">Qty Required 需购数量</td><td rowspan="3">Unit 单位</td><td colspan="2">Quotation 1　报价1</td><td colspan="2">Quotation 2　报价2</td><td colspan="2">Quotation 3　报价3</td><td rowspan="3">Remarks 备注</td></tr>
<tr><td colspan="2">□</td><td colspan="2">□</td><td colspan="2">□</td></tr>
<tr><td>UP单价</td><td>Sub-Total小计</td><td>UP单价</td><td>Sub-Total小计</td><td>UP单价</td><td>Sub-Total小计</td></tr>
<tr><td>1</td><td></td><td></td><td></td><td></td><td></td><td></td><td></td><td></td><td></td><td></td><td>□ Official quotation报价单</td></tr>
<tr><td>2</td><td></td><td></td><td></td><td></td><td></td><td></td><td></td><td></td><td></td><td></td><td>□ Tel quotation电话报价</td></tr>
<tr><td>3</td><td></td><td></td><td></td><td></td><td></td><td></td><td></td><td></td><td></td><td></td><td>□ One quotation一个报价单</td></tr>
<tr><td colspan="12">Reason for New article:
新增项目原因：</td></tr>
<tr><td colspan="2">Requested by:
申请人：</td><td colspan="3">Approved by Dept Head:
部门主管批准：</td><td colspan="2">Purchasing Manager:
采购部经理批准：</td><td colspan="3">Approved by DOF:
财务总监批准：</td><td colspan="2">Approved by General Manger:
总经理批准：</td></tr>
<tr><td colspan="2">Date日期：</td><td colspan="3">Date日期：</td><td colspan="2">Date日期：</td><td colspan="3">Date日期：</td><td colspan="2">Date日期：</td></tr>
</table>
</td></tr>
<tr><td>实训目的</td><td colspan="2">酒店新增的物品要通过供应商比价，不仅能够确保质量，而且可以节约采购成本，提高交易效率，满足酒店正常运营，同时，有助于防范采购中的腐败现象</td></tr>
<tr><td rowspan="2">任务分析</td><td>重点</td><td>供应商和价格的选择</td></tr>
<tr><td>难点</td><td>寻找合适的供应商；报价不分上下时，该如何确定中标供应商</td></tr>
<tr><td>任务时长</td><td colspan="2">1小时</td></tr>
</table>

（二）实训准备

采购物品名称、规格、购买数量以及三家公司报价单等。

（三）操作步骤

1. 编辑采购物品名称、数量、规格。
2. 输入采购物品的三家最终报价，选择价格最优的一家。
3. 检查报价是否正确，供应商提供报价单等附件是否已盖章。
4. 各部门审批签字确认。
5. 成本部人员检查签字是否齐全，在采购系统中添加新增项目。

（四）操作要点说明

1. 在做新增项目时，应确认该项目是否得到领导批准。
2. 采购比价过程中，要注重产品的性价比，切勿一味地追求低价。
3. 企业大型设备的技术改造，不仅应该选择可靠的供应商做比价，而且应当参考同行酒店的意见或专家意见。
4. 在向供应商发询价函时，不应向其他供应商透露低价和对方的报价。
5. 确定供应商后，在领导审批签名完成后再录入系统，不可私自联系成本部加项。

（五）实训过程记录

1. 技能练习

项目	内容
新增采购项目原因	
采购物品名称清单	
供应商1报价	
供应商2报价	
供应商3报价	

2. 问题讨论

（1）网络采购物品如遇打折、促销，或者减免以及其他活动，下单金额与定价有差异时该怎么处理？

（2）供应商给采购部门送礼，在报价时多选择他家，这时应该怎么处理？

五、课后拓展任务

1. 请探讨企业如何通过采购策略来降低成本和提高效率。

2. 请探讨如何管理供应商关系，以确保供应链的稳定性和可靠性。

任务4 采购订单

一、任务导入

据南非独立传媒网站报道，南非矿产资源和能源部表示，政府已发出采购2000兆瓦应急电力的申请，这一举措需要解决国家严重的能源短缺问题。随着南非放松了为遏制新型冠状病毒而实施的严格的封锁限制，并重新开放了采矿业等耗电行业，以重振疲弱的经济，负荷减载已经重新开始。

矿产资源和能源部启动风险缓释独立发电商采购项目，以缓解当前南非社会电力短缺问题并减少柴油发电机的使用，计划吸引投资400亿兰特，支持2000兆瓦的电力供应商提供服务。中标企业须承诺有关安排可增加就业，并带来正面社会经济效应，包括对员工进行技术培训等。

思考：酒店的采购订单可分为哪几类？

二、理论知识

（一）部门采购申请

日常采购申请（Purchasing Request，简称“PR”）适用于酒店各部门，在制定确定日常采购申请流程时需要具体结合酒店的组织架构及审批权限等进行，图2-1是酒店通常会采用的日常采购申请流程。

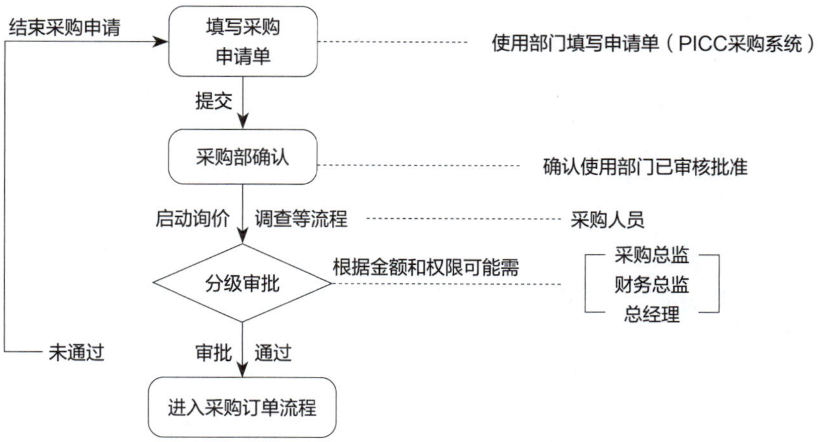

图2-1　日常采购申请流程图

由图2-1的日常采购申请流程图可以看出，酒店日常采购申请主要涉及以下事项。

（1）使用部门填写采购申请单，签字后交送采购部。

（2）由采购部报出最佳价格，并由采购部经理签字，然后退回申请部门做最后批准。只有申请部门经理签字，盖章后，采购部方可批准采购执行程序。

（3）采购部接到申请部门经理签字的采购单后，报送财务总监和总经理进行最后的审批。

（4）当订单审批未通过，采购申请结束，返回使用部门重新填写申请。

（5）审批通过后，进入采购订单流程，开始采购执行程序。

酒店各部门日常购买除鲜鱼水菜类等每日采购物品时，需要填制采购申请单（PR单），并按照酒店的审批权限规定逐级上报审批后提交给酒店采购部门。各级审批人员如果认为采购申请单所列示物品无需采购，将对采购申请单进行审批不通过操作，这意味着之前提交的采购申请单上所列示的物品将不会被采购；如果各级审批人员同意购买采购申请单上所列示物品，将对采购申请单进行审核批准同意操作，这意味着采购申请单上所示物品将会被采购，接下来需要进入采购订单（PO）操作环节。

（二）订单发送

在订单申请截止时间点结束后，采购部整理各部门提交成功的采购订单，认真核实订单的数量、价格、规格等，当发现采购订单里有重复项采购或者数量极大，可以向使用部门了解具体情况，订单是否符合经营需要等。同时，向采购部经理或财务总监报备异常，待确认无误后通过邮件的形式，将今日的采购订单发送至供应商，检查订单是否已经全部发送成功，供应商收到采购订单后，表示该项任务已完成。

（三）后续跟进工作

当订单发出后，采购部需要跟进整个过程直到货物运达、收货入库。同时，采购部还应继续跟进物料的使用情况，对于不合格或需要更换的物品与供应商沟通协商，做好物料使用情况的反馈记录。

（四）部门申请频率

为了控制成本，酒店各部门根据营业实际情况需要，在没有该项目或该项目不足的情况下申请采购，总仓库房在库存定额不足的情况下根据物资标准定额提出采购，申请前各部门和仓管需认真检查库存量及消耗量。

1. 总仓申请频率

为了避免浪费，总仓在申请之前须认真核查库存量及消耗量，同时结合月度采购计划填写采购申请单，然后由对口使用或管理部门确认补货品种和存量，由成本主管核准。总仓定制物品（物料）一般须提前30天申购，且必须注明到货日期。这样可以便于安排供货商的生产及送货周期。

2. 部门申请频率

仓库储备以外的物资由各使用部门提出采购申请。申请时须送仓库确认是否有该项储备或查询仓库多余物资中是否有代用品。各种鲜活食品如海鲜、肉类、蔬菜、水果、乳制品等，根据各厨房明日或指定的计划经营所需，由各厨房于每天下午三点前填写每日购货表，由行政总厨审批后，交采购部申请采购。当供货商发送新鲜食材到酒店，经酒店仓库管理人员、各厨房指定验收人员对食材进行验收，酒水饮品可要求供货商每星期送1～2次货物，有效保证仓库周转率的完成。

（五）供应商管理

酒店与供应商的合作关系对于双方往来交易的实施是非常重要的，只有建立良好的供需合作关系，各项采购工作才能得到彻底贯彻落实，才能取得预期的效果。在供应商送货时，应该遵循酒店的各项相关制度，主要有以下几种。

（1）在送货期间，不得随意吐痰、乱扔杂物，不得在经营单位收货平台或收货部大声喧哗。

（2）供应商需爱惜经营单位公共财物，若损坏，则按照实价赔偿。

（3）没有酒店相关部门的允许，供应商不得进入经营单位厨房后堂区域。

（4）所送货物不得随意摆放，需按照经营单位指定地点摆放；货架摆满后才可以在地台上摆放。

（5）严格按照收货区域清洁规定清洁地面，并需将工具清理干净后复位。

（6）送货时间需严格按照双方约定时间执行，如有意外情况需提前通知采购部及收货部。

（7）供应商所送货物必须符合经营单位标准，故意以次充好、货不对板、偷量减量，情况严重者，经营单位将立即停止其合作关系。

（8）供应商与经营单位任何人员不得有任何物质、现金接触；一经发现，经营单位将立即停止其合作关系。

（9）不准威胁、恐吓经营单位人员，或与经营单位人员及其他供应商发生争吵或殴斗，如有任何异议可反馈给酒店相关部门解决。

三、理论知识考核

1.【判断题】采购订单只有申请部门经理签字，盖章后，采购部才可批准采购执行程序。（　　）

2.【判断题】为了控制成本，可以采购质量不符合酒店使用标准的商品。（　　）

3.【判断题】当发现采购订单里有重复项采购或者数量极大时，不用和领导报备。（　　）

4.【判断题】供应商送货时间需严格按照双方约定时间执行，如有意外情况无需提前通知采购部及收货部。（　　）

5.【判断题】采购申请审批通过后，进入采购订单流程。（　）

6.【单选题】总仓定制物品申请补仓一般需提前（　）天申请。

A. 10　　B. 20

C. 30　　D. 40

7.【单选题】供应厂厂商优惠、折扣、赠送、回送等归（　）所有，并在报价中注明。

A. 酒店　　B. 采购员

C. 采购部　　D. 使用部门

8.【单选题】填制采购申请单的是（　）。

A. 收货部　　B. 财务部

C. 使用部门　　D. 采购部

9.【多选题】下列选项中不符合经营单位标准的有（　）。

A. 以次充好　　B. 真材实料

C. 货不对板　　D. 偷量减量

10.【多选题】采购申请分级审批过程中，根据金额和权限可能需要（　）审批。

A. 采购总监　　B. 财务总监

C. 总经理　　D. 餐饮总监

四、技能训练

（一）实训任务单

<table>
<tr><td>任务描述</td><td colspan="2">采购申请。
原材料订购清单
课程分组：中厨房　下单日期：2022.6.7　到货日期：2022.6.8
<table>
<tr><th>序号</th><th>商品编码</th><th>商品名称</th><th>规格</th><th>单位</th><th>单价</th><th>数量</th><th>金额</th></tr>
<tr><td>1</td><td>600051</td><td>黄豆芽</td><td></td><td>斤</td><td>3.00</td><td>3</td><td>9.00</td></tr>
<tr><td>2</td><td>800024</td><td>牛百叶</td><td></td><td>斤</td><td>45.00</td><td>1</td><td>45.00</td></tr>
<tr><td>3</td><td>600011</td><td>长豆角</td><td></td><td>斤</td><td>6.50</td><td>8</td><td>52.00</td></tr>
<tr><td>4</td><td>600012</td><td>本地生菜</td><td></td><td>斤</td><td>5.50</td><td>10</td><td>55.00</td></tr>
<tr><td>5</td><td>500003</td><td>老鸡</td><td></td><td>斤</td><td>13.50</td><td>5</td><td>67.50</td></tr>
<tr><td>6</td><td>500004</td><td>正宗文昌鸡</td><td></td><td>斤</td><td>17.50</td><td>5</td><td>87.50</td></tr>
<tr><td>7</td><td>900004</td><td>基围虾</td><td>50～70头</td><td>斤</td><td>35.00</td><td>8</td><td>280.00</td></tr>
<tr><td>8</td><td>500006</td><td>老鸭</td><td></td><td>斤</td><td>38.00</td><td>5</td><td>190.00</td></tr>
<tr><td>9</td><td>800013</td><td>猪头骨</td><td></td><td>斤</td><td>15.00</td><td>5</td><td>75.00</td></tr>
<tr><td>10</td><td>800028</td><td>猪里脊</td><td></td><td>斤</td><td>30.00</td><td>5</td><td>150.00</td></tr>
<tr><td></td><td colspan="6">总金额</td><td>1011.00</td></tr>
</table></td></tr>
<tr><td>实训目的</td><td colspan="2">实施订单计划，可以为企业输送合格的资源，做好综合平衡；同时，保证物料及时供应，满足企业采购要求，建立和维护企业采购环境</td></tr>
<tr><td rowspan="2">任务分析</td><td>重点</td><td>物料申请的部门、规格、数量</td></tr>
<tr><td>难点</td><td>申请数量的把握</td></tr>
<tr><td>任务时长</td><td colspan="2">1小时</td></tr>
</table>

（二）实训准备

使用部门采购清单。

（三）操作步骤

1. 根据使用部门订单种类、数量在采购系统中下单。
2. 检查有无漏项，无法采购的商品向使用部门报备。
3. 提交订单等待审批。
4. 通过邮件或传真等向供应商发送采购订单。

（四）操作要点说明

1. 进行物品系统申请时，注意选择正确的下单部门或仓库，如任务描述中所示此处应选择中厨房，并可对订单进行备注说明（比如所需购买食品的规格或特殊要求）。

2. 在输入完所需采购的物品之后，系统会自动显示该物品的当前库存量、上月用量、上次采购时间、采购价格及采购数量等信息，供申请部门及审批部门参考，根据实际经营需要增减所申请数量，不可随意申请。

3. 如遇到规格或者单位与实际需要的不一致，可联系采购部门询问是否添加项目时出现错误，采购部门应及时联系成本部门修改系统的规格和单位，待修改成功后方可重新申请下单。

4. 在使用部门填写完所需采购的物品信息之后，由厨师长进行审核，根据之前的用量、采购的价格及数量进行审批。如发现不合理的地方可及时进行修改，审核无误后再提交申请。

5. 按照酒店采购审批的流程，对申请单进行最后的确认审批，由采购经理进行监督审核，审批采购物品的数量及价格是否合理，确认无误后点击审批。如不确认或不批准，需返回上一级重新进行审批申请。

（五）实训过程记录

1. 技能练习

项目	内容
采购申请部门	
采购申请日期	
采购项目	
采购规格	
采购项目单位	
采购项目单价	
采购项目数量	
总金额	

2. 问题讨论

（1）为什么在订单填写采购物品时，系统会自动显示当前库存水平？

（2）系统找不到需要的物品规格时，但该物品又是急需的，应如何处理？

五、课后拓展任务

请探讨电子采购系统在订单管理中的作用和优势。

项目三
酒店存货管理

项目描述

存货是指酒店在生产经营过程中，为销售或耗用而储备的实物资产，包括食品、酒水、运营物品、棉织品、低值易耗品、物料用品、工程材料等。随着物价不断地上涨，酒店的经营成本压力越来越大，存货作为酒店流动资产的重要组成部分，经常处于不断销售、耗用、购买或重置中，且由于酒店经营的产品（如菜肴）不断更新调整，酒店存货在品种和数量上有着很大的不稳定性，这就对存货的管理提出了更高的要求。存货管理的好坏，直接关系酒店经营成本的高低，还影响着酒店的资金周转效率，最终影响酒店的经济效益。

学习目标

❶ **知识目标**

（1）了解酒店收货相关要求。

（2）了解酒店仓库管理的标准。

（3）了解酒店仓库盘点的流程。

❷ **能力目标**

（1）掌握商品验收的流程和验收方法。

（2）掌握酒店仓库管理注意事项。

（3）掌握酒店盘点对成本的影响。

❸ **思政目标**

（1）培养学生分析问题、解决问题的能力。

（2）培养学生认真细致、负责的职业态度。

任务1 存货验收准备工作

一、任务导入

商洛新闻网讯：第十四届全运会排球女子U19组比赛于9月8日开赛，商洛新闻网记者实地探访了酒店后厨，来自十四运会（商洛赛区）食品安全保障组的工作人员忙碌在食品安全保障一线，为运动员、技术官员、媒体记者等与会人员筑起食品安全防线，保障他们舌尖上的安全。

据介绍，为保障十四运会（商洛赛区）食品安全，食品安全保障组在区域供食材超市和各接待酒店都设置了驻点小组，对食材采供的每道关口进行严格把控，实行检测、监管相结合；对供应超市按酒店所需购进的食材，先由驻点检测人员抽检快检，再将检验检测合格的食材进行分装、加贴标识、登记封存，按时配送到酒店；酒店驻点监管人员监督酒店对照供货清单和检验检测报告查验接收，在全程监督后厨操作的同时，每天配合驻点检测人员对酒店餐饮从业人员个人卫生、后厨环境、就餐场所进行风险监测，并对凉菜等高风险食品进行风险监测。

记者离开时，雷亚军和他的同事还在后厨忙碌着。“为了保障商洛赛区所有食品都健康安全，我们每一位同事都将继续在岗位上坚守自己的职责，完成每一次检测，做好每一次监管。”雷亚军说道。

思考：食材的验收需要关注哪些注意事项?

酒店收货

二、理论知识

（一）货物验收地点

酒店的验收地点又称为“收货平台”，收货平台的位置必须设有方便卡车进入的通道，并尽量减少与公共区域之间的冲突。通常酒店将收货平台设在地下一层紧邻垃圾房处，建设斜坡方便送货车辆进入，当车辆到达收货平台时，应与收货平台的卡槽持平，方便货物装卸。

1. 足够的空间

酒店的验收地点应选择在足够宽敞的空间。这样才能保证收货人员有足够的空间对等待验收的物品进行细致的查验，并且对供应商提供的所有物品项目和价格均与采购订单中所列项目进行核对检查，查验两者是否一致。如果收货空间不够，那么验收很可能就变得流于形式、仓促了事。

2. 高度清洁

酒店的收货区应当保持高度的清洁并定期消杀，这样可以避免污染新送达的食物，也不会为疫病提供温床和传播途径。通常，供应商会为其所送产品带来的蟑螂或其他虫卵等负责，清洁的收货区可以很容易地防止和发现这类问题。

3. 适宜的温度及照明

收货区应当有适宜的温度及照明条件。如果收货区温度过高，容易造成原料变质，尤其是在物品既未冷藏又未冷冻时。照明条件不好可能使货物查验出现遗漏，所以应有良好的照明条件。

（二）合适的收货时间

酒店收货时间主要考虑保证货物新鲜和运营错峰收货两方面因素。

1. 保证货物新鲜

酒店厨房一般在上午10:00左右开始备餐，为保证厨房每天所需物品的新鲜，酒店一般会指定供应商在上午8:30前送达。需要注意的是，一旦确定或改变收货时间，需要提前及时通知供应商，供应商未按规定时间送货，验收人员与采购部和使用部门核实确认是否为临时追加采购的情况。

2. 运营错峰收货

酒店除紧急采购和新鲜食材以外的其他物料，收货时间应安排在经营活动较为不忙的时间段，把货物验收时间错峰收货，不仅可以节省人力，而且可以避免货物堆积导致验收不及时而影响酒店的正常运营。

（三）合适的验收人员

酒店验收人员需要具备相关的专业知识，同时从会计内部控制的角度来讲绝对不能由采购人员兼任验收人员。酒店验收人员需熟悉采购订单上物品的名称、规格、特殊要求等信息，对采购订单上没有的物品拒绝接收。外包装分量必须扣除，原材料要求新鲜、无冰冻、无烂疤，有检验检疫证，并且具体品种按酒店实际要求验收。如肉类整块验收，不允许切割好的送来，不允许有冰冻不新鲜的差品混入等。验收各类物品时，严把质量关，对购入的“三无产品”（即无厂商、无产品标识、无生产日期）一律拒收，核查产品的保质期限，必须按标准的规格、质量要求进行收货。

（四）验收工具

货物验收时使用的工具和设备因不同的收货操作类型和规模而异，但是有一些工具和设备是常规收货过程必须用到的，属于标准工具，酒店验收通常用到的工具如表3-1所示。

表3-1　货物验收常用工具

工具	图片	用途
秤		物品称重，需定期检查及校准

续表

工具	图片	用途
冰箱	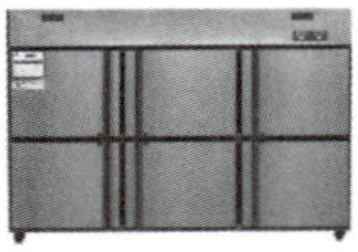	临时储存物品，对于使用部门不能及时领走，对储存温度有特殊要求的物品做临时保管
温度计		测试需冷藏及冷冻运输物品的温度，确保符合标准
周转箱		盛放物品，避免物品直接与地面或秤面接触，确保物品卫生；不同类别周转箱需定期维护其标准重量，以便查收物品的净重
推车		货物使用部门用来运送已验收合格的小件物品
拖车		货物使用部门用来运送已验收合格的体积和重量较大的物品
剪刀		拆除绳子等外包装
农药残留检测仪		对于蔬菜水果类的新鲜农产品进行农药残留检测，需达到绿色无农药标准
货架		临时储存物品，避免物品与地面接触，确保卫生
地拍		避免物品与地面接触，确保卫生及防液体污染
计算器		用于计算货物数量、重量等

三、理论知识考核

1.【判断题】为减少送货车与公共区之间的冲突，收货平台的位置必须设有方便卡车进入的通道。（　　）

2.【判断题】用于物品称重的秤可以由供应商提供。（　　）

3.【判断题】从会计内部控制的角度来讲绝对不能由采购人员兼任验收人员。（　　）

4.【判断题】为了节省收货时间，验收可以仓促了事。（　　）

5.【判断题】原材料要求新鲜、无冰冻、无烂疤，有检验检疫证，并且具体品种按酒店实际要求验收。（　　）

6.【单选题】以下商品必须每天早上及时送达的是（　　）。

A. 新鲜食品　　B. 调味品　　C. 干货　　D. 酒水

7.【单选题】下列人员中可以兼任验收人员的是（　　）。

A. 采购主管　　B. 采购专员　　C. 总仓员　　D. 前台收银员

8.【单选题】合适的收货时间可以提高工作效率，对于酒水类的收货，下列哪个时间段较为合适（　　）。

A. 早上　　B. 午饭时间　　C. 下午　　D. 临近下班

9.【多选题】为了方便收货，收货平台应满足（　　）。

A. 足够的空间　　B. 高度清洁　　C. 适宜的温度　　D. 合适的照明

10.【多选题】“三无产品”是（　　）。

A. 无厂家　　B. 无产品标识　　C. 无生产日期　　D. 其他

四、技能训练

（一）实训任务单

<table>
<tr><td>任务描述</td><td colspan="2">收货准备。
食品课程组原材料订购清单
课程分组：西点厨房　　下单日期：2022.5.25　　到货日期：2022.5.26
<table>
<tr><th>序号</th><th>商品编码</th><th>商品名称</th><th>规格</th><th>单位</th><th>单价</th><th>订单数量</th><th>金额</th><th>收货数量</th><th>备注</th></tr>
<tr><td>1</td><td>500009</td><td>鲜鸡蛋</td><td></td><td>斤</td><td>7.50</td><td>15</td><td>112.50</td><td></td><td></td></tr>
<tr><td>2</td><td>300093</td><td>桂格燕麦片-1000克</td><td>12×1千克</td><td>罐</td><td>33.00</td><td>1</td><td>33.00</td><td></td><td></td></tr>
<tr><td>3</td><td>700031</td><td>台农芒果</td><td></td><td>斤</td><td>7.20</td><td>3</td><td>21.60</td><td></td><td></td></tr>
<tr><td>4</td><td>700021</td><td>草莓</td><td></td><td>斤</td><td>24.00</td><td>1</td><td>24.00</td><td></td><td></td></tr>
<tr><td>5</td><td>700014</td><td>猕猴桃</td><td></td><td>斤</td><td>9.00</td><td>3</td><td>27.00</td><td></td><td></td></tr>
<tr><td></td><td colspan="6">总金额</td><td>218.10</td><td></td><td></td></tr>
</table>
申请部门：　　供应商：　　收货部：</td></tr>
<tr><td>实训目的</td><td colspan="2">通过规范的收货准备程序，提高收货质量，确保酒店所收到的商品的质量和数量达到要求</td></tr>
<tr><td rowspan="2">任务分析</td><td>重点</td><td>酒店不同货物验收的前期准备工作</td></tr>
<tr><td>难点</td><td>部分食材新鲜度的判断</td></tr>
<tr><td>任务时长</td><td colspan="2">1小时</td></tr>
</table>

（二）实训准备

食材采购单、收货工具、收货验收人员等。

（三）操作步骤

1. 清理收货平台和备齐验收工具。
2. 打印当日采购订单并按部门分类。
3. 查验各类收货工具的完整性。

（四）操作要点说明

1. 所有的货品必须在收货部指定的地点处收货，收货文员需确保收货平台的干净、整洁。

2. 如果没有批准的采购订单，每日蔬菜订单、每周杂货订单及每周酒水订单，不可以收货。

3. 收货文员每天检查各项验收工具，确保验收工具可以正常使用。

4. 提前通知各使用部门，各供应商具体送货时间。

（五）实训过程记录

1. 技能练习

项目	内容
收货准备工具	
收货平台准备	
收货人员准备	
收货时间	

2. 问题讨论

物品验收准备过程中，如发现采购订单没能完成审批的情况应如何处理?

五、课后拓展任务

请探讨收货部门如何与采购、厨房、库房、财务等其他部门协调，以确保验收流程的顺畅。

任务2 货物验收

一、任务导入

来自重庆的邓先生在三亚度假时，在某五星级酒店购买了一种产自法国的金箔香槟酒，每瓶价格为22888元。之后，邓先生怀疑买到的是假冒伪劣产品，于是向三亚市食药监局进行了举报，并随之起诉至法院。

据邓先生介绍，他在三亚某五星级酒店消费了45776元，购买了两瓶马泽瑞——法国金箔香槟酒，每瓶价格22888元。这两瓶酒当中，一瓶有中文标签，另一瓶则没有中文标签。他查看了相关标识后，怀疑这两瓶酒为假冒伪劣产品，于是向三亚市食药监局举报。邓先生说，三亚市食药监局的工作人员到现场后，做完笔录正准备离开时，酒店工作人员从他手中抢走了那瓶没有中文标签的金箔香槟酒。邓先生认为，该金箔酒添加食用纯金箔，不符合国家食品安全标准。为此，他又起诉至三亚市×××人民法院，要求该酒店退还购物款22888元，并赔偿十倍价款228880元。

近日，三亚市×××人民法院开庭审理此案，并支持了邓先生十倍价款赔偿的诉求。

思考：酒店验收进口商品时，需关注哪些注意事项?

二、理论知识

（一）货物验收原则

1. 三方收货原则

酒店货物验收需要遵循三方验货的原则。三方分别指酒店收货人员、酒店使用部门人员、供应商。收货人员主要负责对供应商所送达货物的数量、金额进行查验核对，使用部门人员负责对质量规格等进行查验。三方验货可以起到相互监督的目的，防止收货人员与供应商串通少收物品或收取不合格的物品。

2. 先验后收原则

酒店验收人员务必遵循先验后收，不验不收，一旦验收人员签字确认收货，货物的所有权及风险就由供应商转移到酒店，验收过的货物再出现质量、数量、金额、安全等方面的问题，均需要由酒店负责。

3. 安全原则

酒店除了在采购环节选择确定供应商时要求其提供“工商营业执照”，在验收环节也要确保供应商提供符合国家及酒店规定的相关证明文件。比如，在验收食品时，要求供应商提供“卫生许可证”“产品及批次检验检疫报告”等；验收进口食品及酒水时，必须有中文标志和卫生检疫标志；验收肉类时，必须审查肉类是否有卫生检疫证明，同时要有当天市场的肉类复检单。

4. 正确原则

收货的数据必须是正确的，与实际送货相一致，错误的单据必须及时进行纠正。

5. 优先原则

在食材收货的时候，生鲜食品比其他商品优先收货，生鲜食品中的优先顺序是鲜活、冷藏食品、冷冻食品；楼面已缺货并等待销售的商品优先收货；有退货时，先办理退货再进行收货。

6. 当日原则

收货部执行当日原则，即当天的收货、退货必须当天完成确认工作，不可推迟录入和确认。

（二）验收程序

1. 以重量计量的物品应过秤称重

海鲜、水产类食材，过秤时需滤除水分；有包装的食材在过秤时需去除外包装、纸皮等分量，计净重；食品类物品在过秤时不应与秤面直接接触，需将其放在周转箱内，验收完毕需放在食品架或者专用储物箱内（冷藏箱）。食品类物品过秤验收完后需分类摆放，熟食类和生鲜类食材不能直接接触。

2. 以个数、件数计量的物品应清点数量

对于计件物品逐一清点货物数量，到货批量不大的情况下需开箱，记录于订购单（PO单），与订购单申请数量核对。对于到货批量较大的物品，先清点记录总箱数或者盒数，再随机抽查某一箱或某一盒物品，必要时需进行不同位置的抽查，确保每一箱/盒内的数量无误，任何食品供应商送货数量超过或少于订购单的10%，必须得到申请部门负责人的确认，再决定是否收货。

3. 检查物品质量

严格按照采购物品规格、品牌、包装、产地等标准对物品进行逐一检查，如遇大批量到货物品需进行不同位置抽查。对于进口食材需要有进出口证明及中文标识说明。验收酒水时注意检验酒标、品牌、封口是完整。

4. 核对价格

严格按照订购单上物品的单价进行核对，检查物品价格的合理性，对于涨价或者改变规格计价的货物要进行标注并立刻通知并转给采购部核查。

（三）使用部门拉送货物

在填写完相关的收货记录以后，收货专员及时安排使用部门将各自到货的原材料直接拉进厨房准备当日的原材料生产加工使用，或者及时将原材料拉进相关库房进行登记入库储存。

（四）开具收货记录

在物品清点验收完毕后，收货员根据实际收货情况，填写收货记录，详细记录下当日实际收货的数量、重量和单价、合计，并根据收货数量如实录入系统。审核无误后打印由使用

部门负责人、收货专员和供应商三方签字确认，同时收货部门加盖带有日期的验收章于收货记录上，将收货记录供应商联交供应商，其余单据进行归纳整理，在当日收货结束后统一汇总至成本部门处核算。

（五）货物退回处理

在进行货物验收时，偶尔会遇到供应商送来的物品达不到酒店使用部门的标准，或者到货物品不是酒店指定品牌，应直接拒绝收货或退还供应商。对于验收过程中发现不符合标准的，尚未做收货记录，则由使用部门负责人及收货专员直接拒收，在订购单上标注实收数量为“0”。如物品已做收货记录并拉送至使用部门后才发现不符合标准，申请部门需要退回物品时，必须将物品交由收货部门进行检查，并由收货部门开具退货单，由酒店领导签字退回，不允许使用部门自行联系供应商进行退货。

对于相关的退货要第一时间告知采购部退货原因，并及时做好退货单据的登记，并同每日收货记录一起上交成本部及财务应付进行相对应的调账处理，没有合理性理由不允许随意退货。

货物尚未做收货记录（系统中未确认），则由使用部门经理、收货员在出门条上签字，在保卫部在场监督的情况下由卸货平台退货。如果货物已做收货记录（系统中已确认），除实际退回货物的步骤外，收货部还需再开出反向收货记录（红笔冲回），并经部门经理、财务总监签字确认。一联转交应付账款在财务系统中冲账，相应减少需支付供应商的退货部分的货款金额。

三、理论知识考核

1.【判断题】仓库人员完成当天收货验收及清洁工作后，下班时需填写送货情况登记表。（　）

2.【判断题】收货人员完成收货后，用消毒水清洁电子秤表盘及表面不锈钢区域，并将清洁用具收捡后摆回到总仓指定区域。（　）

3.【判断题】三方分别指酒店收货人员、使用部门人员、供应商。只要有收货人员在验收，使用部门人员可以不用在场。（　）

4.【判断题】食品类物品过秤验收完后需分类摆放，熟食类和生鲜类食材能直接接触。（　）

5.【判断题】堆放货物不得堵塞消防通道，不得擅自挪用消防器材。（　）

6.【单选题】下列物品验收过程中，不属于以重量计量的物品是（　）。

A．海鲜　B．蔬菜　C．玻璃杯　D．牛羊肉

7.【单选题】验收人员不包含（　）。

A．送货员　B．使用部门　C．收货专员　D．酒店保安

8.【单选题】对于到货批量较大的物品，收货员采用的抽检原则是（　）。

A．随机抽检　B．顶层抽检　C．中层抽检　D．底层抽检

9.【多选题】验收程序中需要重点关注的事项有（　　）。

A．物品重量　　B．物品数量　　C．物品质量　　D．物品价格

10.【多选题】验收环节供应商提供哪些国家及酒店规定的相关证明文件（　　）。

A．卫生许可证　　B．产品及批次检验

C．肉类复检单　　D．卫生检疫证明

四、技能训练

（一）实训任务单

<table>
<tr><td>任务描述</td><td colspan="2">开具收货记录。
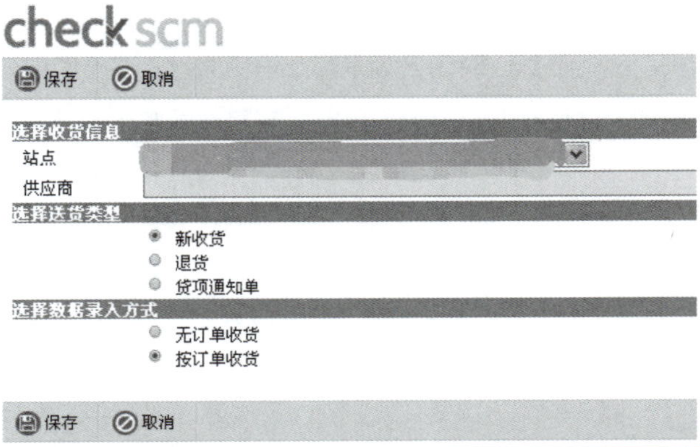
</td></tr>
<tr><td>实训目的</td><td colspan="2">通过开具收货记录，使学生熟悉酒店收货流程，即送货数量是否符合订购数量，质量是否符合规格标准，价格是否符合审批报价</td></tr>
<tr><td rowspan="2">任务分析</td><td>重点</td><td>数量、价格、税率的确定</td></tr>
<tr><td>难点</td><td>退货处理</td></tr>
<tr><td>任务时长</td><td colspan="2">1小时</td></tr>
</table>

（二）实训准备

三方验收签字的采购订单。

（三）操作步骤

1．按部门把采购订单进行分类。

2．在采购系统收货界面输入实际收货的数量。

3．检查输入数量是否有误。

4．打印收货记录。

5．各相关人员签字确认。

6．签字确认的收货记录单据归纳整理，一联留作付款，一联留存成本部门存档，一联交给供应商。

（四）操作要点说明

1. 当天收货的物品应开具收货记录，及时录入系统。

2. 录入系统时，应按照纸质的实际数量如实录入，不可多录或少录影响财务部与供应商对账。

3. 纸质收货记录有更改变动时，应在更改处签名并更正为正确的数量。

4. 收货记录打印后应有供应商、使用部门主管或经理和收货员的签字，盖有收货专用章，缺一不可。

5. 收货记录应当天及时送达财务部门，由财务部门检查、审批确认。

（五）实训过程记录

1. 技能练习

项目	内容
供应商名称	
收货日期	
货物验收项目清单	
货物验收数量	
货物验收人员	

2. 问题讨论

（1）食材部分到货、超额到货应怎么处理？

（2）拒收和退货的区别体现在哪里？

五、课后拓展任务

1. 请根据验收实际情况，指出验收过程中出现的异常情况。
2. 请探讨库存管理对货物周转率和成本控制的影响。

任务3　物品入库与保管

一、任务导入

某五星级酒店到货了一批软饮料，包括罐装可乐及雪碧各10箱，经收货部门及仓库管理员验收以后，酒水库仓库管理员将软饮料拉进库房。仓管专员先将之前到货的软饮料挪出靠外摆放，将新到货的可乐及雪碧摆放在最里面，并整齐地按可见使用期限来摆放物品，记录下本期入库的软饮料数量于物品存料卡上，完成入库。

1. 请同学们分组讨论该仓库管理员的操作是否正确，并说明原因。

2. 收货入库的时候，对于物品的摆放，应有哪些注意事项？

讨论达到的目标：通过讨论引导学生认识收货入库环节的关注点及库房的设置。

思考：酒店采购的物品到货后，应如何进行入库管理？

物品出入库

二、理论知识

（一）库房的类型

通常酒店会设食品库、酒水库、冷藏品库、冷冻品库、印刷品库、办公用品库、清洁用品库、瓷器库、布草库等库房。每日市场采购物品（ML）与日常采购物品（PR）应分开存放于不同的库房。各类库房通常储存的物品如表3-2所示。

表3-2　各类库房通常储存的物品

库房名称	主要存放物品
食品库	干货，如木耳、干香菇、银耳；粮食、食用油；调料
酒水库	葡萄酒、白酒等烈性酒；软饮料
冷藏品库	鲜肉、熟肉、乳制品、鲜果汁、乳酪
冷冻品库	冷冻生肉、冷冻海鲜、冰激凌
印刷品库	信纸、信封、办公表格、海报、手册、宣传单页
办公用品库	打印纸、各种笔、笔记本、硒鼓
清洁用品库	清洁剂、拖把
瓷器库	玻璃器皿、陶瓷器皿、银质餐具
布草库	备用的浴巾、床单、被罩

然而，除酒店内部的仓库之外，有些规模较大并且地理位置较好的酒店还设置了外库。因为酒店在运营的过程当中会产生越来越多淘汰或者闲置的存货，内部的仓库没有空间放置这些物品。而且将地理位置特别好的空间腾作仓库机会成本太高。因此，酒店会租用一间位置偏远、空间充足的仓库来放置这些物品。例如，许多酒店的瓷器库就作为外库，存放一些款式淘汰、规格不配套的餐具和器皿。

仓库，就是保管储存物品的场所。存货入库，必须确保酒店所采购物品严格按照标准流程进行：

（1）存货入库时，凭收货记录确认入库。

（2）记录物品入库日期及相关信息于存料卡（Bin Card）并签字。

（3）检查入库物品的数量准确，严格清点。

（4）确保入库物品质量合格，拒收不合格物品入库。

（5）入库物品储存需分门别类，分区摆放。

（6）食品、酒水类物品不可直接摆放于地板上。

（7）注意不同物品对储存温度、湿度的要求。

（8）入库物品必须按照可见的使用期限整齐摆放。

（9）物品入库时需遵循先进先出原则，新入库的物品应存放在之前入库的物品的后面，以便发货时直接发放先购入的物品。

（10）未经许可，闲杂人等禁止进入酒店库房，以保证存货的安全。

（二）库房区域设置

酒店的原材料品种多样，规格与性质均有差别，如果缺乏科学地管理和合理的区域布局，就可能导致原材料的损耗、变质。因此，要对库房空间进行科学设计，以充分利用库房空间，降低物品的储存成本，保证原材料的质量，提高工作效率。合理的库房区域设计应该包括库房位置的选择、库房分区的设置等。

1. 库房位置的选择

库房位置的选择除要考虑到酒店整体的建筑布局之外，更应当有利于验收工作和存货的发货，并减少入库和发货的时间和人工成本。一般来说，库房位置应当选择在验收平台和厨房之间，这样就可以最大限度地方便验货部门、厨房以及其他使用部门的使用。

2. 库房分区的设置

根据不同存货的特点和储存要求，酒店库房主要分为五大区域：干藏区、冷藏区、冷冻区、烈酒库及通廊（表3-3）。干藏区主要用于储存不易变质的物品，包括布草、餐饮厨房使用的调料等；冷藏区主要用于储存易变质的食材，包括肉类冷藏间、水果和蔬菜冷藏间及乳制品冷藏间；冷冻区是用于储存一些对温度要求特殊的食材，如冻肉、冻海鲜等；烈酒库主要用于储存各类酒水，包括烈酒、红酒、白酒等；通廊指的是连接各仓库之间的走廊过道。

表3-3　五星级酒店贮藏区域布局分配

储存区域	分配比
干藏区	50%
肉类冷藏间	10%
水果和蔬菜冷藏间	8%
乳制品冷藏间	5%
冷冻区	15%
烈酒库	5%
通廊	7%
合计	100%

（三）先进先出原则

先进先出（FIFO）原则指在库存管理中，按照物品入库的时间顺序整理好，在出库时按照先入库的物品先出库的原则进行操作。先进先出原则是指根据先入库先发出的原则，对于发出的存货以先入库存货的单价计算发出存货成本的方法。

这条原则最先是在库存管理中提出来的，因为绝大部分物品都有一定的保质期，如果按照这条原则可避免库存物品过期的发生。具体操作过程中，最重要的环节是如何进行物品存放规划，帮助库房管理人员能够清楚、方便地找到不同时期入库的物品。

先进先出法是存货的计价方法之一。它是根据先购入的商品先发出使用的原则进行假定计价的。用先进先出法计算的期末存货额，比较接近市价。采用这种方法，先购入的存货成本在后购入的存货成本之前转出，据此确定发出存货和期末存货的成本。市场经济环境下，各种商品的价格总是有所波动的，在物价上涨过快的前提下，由于物价上涨，先购进的存货成本相对较低，后购进的存货成本偏高。以先进先出原则发出存货的话，产品价值就低于市场价值，产品销售成本偏低，而期末存货成本偏高。但因商品的售价是按近期市价计算，因而收入较多，销售收入和销售成本不符合配比原则，以此计算出来的利润就偏高，形成虚增利润，实质为“存货利润”。

因为虚增了利润，就会加重企业所得税负担，以及向投资人分红增加，从而导致企业现金流出量增加。但是从筹资角度来看，较多的利润、较高的存货价值、较高的流动比率意味着企业财务状况良好，这可以增加社会公众对企业的信任，增强投资人的投资信心，而且利润的大小往往是评价一个企业负责人政绩的重要标尺。不少企业按利润水平的高低来评价企业管理人员的业绩，并根据评价结果来奖励管理人员。此时，管理人员往往乐于采用先进先出法，因为，这样做会高估任职期间的利润水平，从而多得眼前利益。

（四）库房存货管理

1. 标准库存量（Par Stock）的目的与意义

存货管理首先需要确定标准库存量。标准库存量（或称简单平均量），指在两次送货期间所存有的产品数量。例如瓶装酒水、床单等物品很难做到在使用的时候临时采购，所以酒店通常保有这样物品的标准库存量，以满足酒店的正常运转并且不影响宾客的满意程度。一般认为，存货数量越少，占用的资金也越少，变动储存的成本越低。因此，酒店希望标准库存量能够降到最低水平。但在实践中，尤其是对于酒店这样与消费者“亲密接触”的行业来说，为了保证客房、餐饮部门的正常销售和运转，必须保持一定存货。因此，酒店通常会对日常运营使用物品保有一定库存，此库存量应该是能保证酒店生产运营不受影响的同时，存货持有成本保持最低的存量，称之为标准库存量。

2. 标准库存量的确定

通常物品的标准库存量是通过其消耗数量来确定的。

例如客房部的棉织品同其洗涤寿命（耐洗次数）、规格、质量、客房数量、客房平均出租率等因素均有联系。这些因素同棉织品的损耗通常有以下关系：

$$C=P\times N\times R\times W$$

其中，C（Consumption Ration）为年度消耗定额；P为每间客房配备的棉织品，即标准库存量；N为酒店客房数量；R为客房平均出租率；W为年度损耗率。

棉织品的标准库存量可按以下公式来进行计算：

$$P=\frac{C}{N\times R\times W}$$

拓展知识

存料卡

存料卡，俗称“台账”，是一种被附在货架上的索引卡片。所有货物的进出库日期、数量、规格、库存余额等信息都会记录在存料卡上。仓库管理员可以通过存料卡很快核实实际库存量与存料卡上显示的数量是否一致，并且计算出当月物品消耗量。一般情况下仓库管理员会给库房里储存的物品设置一张存料卡。

在收发货物时，仓库管理员都应填写存料卡，并定期清点存料卡记录物品余额，与仓库存货实际数量做核对，及时发现问题。随着目前五星级酒店的电子化应用程度越来越高，大部分五星级酒店已经在使用电脑系统进行存货的账目记录，存料卡的使用渐渐被电脑系统代替，但仍有一些五星级酒店依旧保留存料卡的记录工作，他们认为手工“台账”依然是让他们感到安全、有效的存货管理方式。

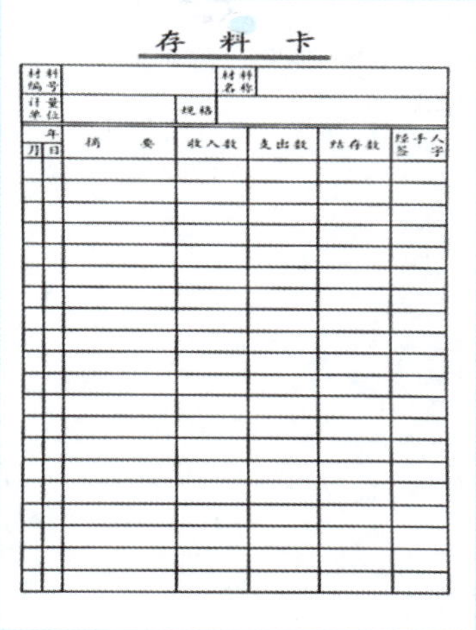

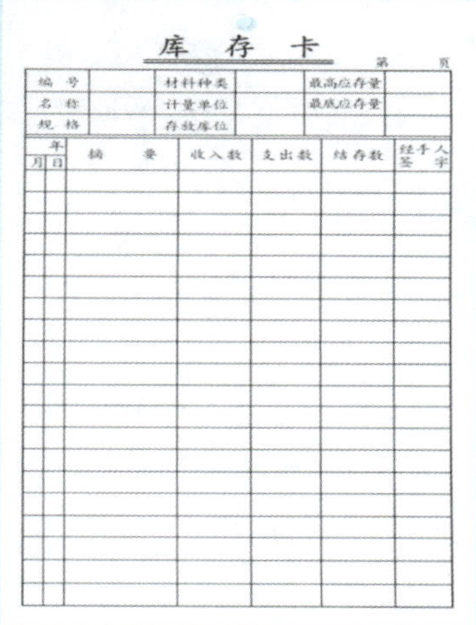

三、理论知识考核

1.【判断题】先进先出原则是物品入库需遵循的原则。　（　　）

2.【判断题】标准库存量与酒店日常运转无关。　（　　）

3.【判断题】存料卡是附在货架上的索引卡片。 （ ）

4.【单选题】按库房大类划分，下列选项中，不是酒店库房的区域的是（ ）。

A. 冷冻区 B. 冷藏区 C. 食品区 D. 干藏区

5.【单选题】下列选项中，应该放进食品库的是（ ）。

A. 陶瓷器 B. 鲜猪肉 C. 红酒 D. 木耳

6.【单选题】关于存货入库描述错误的是（ ）。

A. 按类别入库 B. 按标准入库 C. 按颜色入库 D. 按单入库

四、技能训练

（一）实训任务单

任务描述	验收物品入库	
实训目的	通过不同的物品入库，训练不同的入库方式与注意事项	
任务分析	重点	不同类别物品入库注意事项
	难点	区分物品与仓库的类别
任务时长	4小时	

（二）实训准备

存料卡、肉类、布草类、酒水类、蔬菜类、调料类相关物品。

（三）操作步骤

将肉类放入冷冻库，布草类放入布草间，酒水类放入酒水库，蔬菜类放入厨房，调料类放入干料库。所有入库物品需进行入库登记并填写存料卡。

（四）操作要点说明

1. 在入库前区分不同类别物品。
2. 用合适的工具进行运送。
3. 确定仓库类别。
4. 将不同物品分门别类地运送到不同仓库。
5. 对入库物品进行登记。

（五）实训过程记录

1. 技能练习

项目	内容
工作准备	
操作过程	
操作结束	

2. 问题讨论

食材入库登记完成后，应如何做会计处理？

五、课后拓展任务

请思考物品入库后，为保证存货的质量，酒店有哪些注意事项？

任务4 物品出库管理

一、任务导入

某酒店仓库将出库一批布草，由于库管员不在场，客房部领料人通过电话与库管员沟通取货，由于时间紧急，客房部领料人直接进入库房后，按需取料，并未进行登记，而库管员由于工作较多，也未将本次发料进行及时登记。

1. 请同学们分组讨论该仓库管理员的操作是否正确，并说明原因。

2. 出库的时候，对于物品的发放流程，应有哪些注意事项？

讨论达到的目标：通过讨论引导学生认识物品出库环节规范的操作流程。

思考：仓库物品出库时，应遵循哪些基本原则？

二、理论知识

（一）领料制

领料是指由生产部相关人员在生产之前填写“领料单”，据此向仓库领取物料。物料控制必须从领料着手。酒店应根据自己的生产情况确定领料方式。

1. 确定部门的领料员

领料由各部门的专门人员（即领料员）负责。在规模小的酒店中，一般不设专人领料，而是由部门主管或成员负责领料，但应尽量杜绝员工个人领料，这样不便于物料数量的控制和物料的协调。

2. 规定合适的领料时间

领料员根据生产的实际进度，提前12小时或1～2天将物料领回并分发给各道用料工序的员工手上。

3. 配置相应的领料工具

如果领料数量较大，应配备必要的拖车、拉车、箱子等工具，保证物料在运输过程中不会损坏。

4. 明确填写“领料单”的格式和方法

领料员应按照订单的物料计划填写“领料单”（表3-4）。需要填写的项目全部按要求填写，应该填写的项目一个也不能少，尤其要正确地填写物料编号。

表3-4 领料单

编号:________ 填单日期:_____年_____月_____日

制单号	物料编号	品名	规格/型号	数量	实发数量	备注
仓库主管		发料人			领料人	

制表人:________ 审核人:______

说明：本单一式四联，第一联交会计留存，第二联交仓储部留存，第三联交主管留存，第四联交领料部门留存。

5. 明确物料领用的审批权限和办法

部门负责人在审批“领料单”时要检查需要填写的项目是否都按要求填写了，物料编号是否填写准确了，这些内容是进行物料控制和按单发料的依据。

6. 确定合适的物料日领用限额及批量限额

各部门要把握好领料时间，过早领料会造成部门物料暂存区堆积过多物料，而过迟领料则影响经营点物品使用。

（二）发料制

发料是指仓库将各种生产所需的物料按规定数量分配给各用料部门。发料是仓储部的日常工作之一，也是物料管理的重要内容之一。

1. 确定可发料和拒绝发料的情况

当出现以下四种情况时，仓库主管应拒绝发料。

（1）使用部门无规定的专门领料员。

（2）使用部门要求发放不在“发放计划单”中的物料。

（3）使用需求未达到，过早地发料（囤料）。

（4）“发料单”未按有关规定交主管领导审批。

2. 实行专人发料制

专人发料有两层含义：一是发料要“账物分开”，管账的人不管物，管物的人不管账；二是不同的物料由不同的人负责。企业的物料种类很多，要每个人熟悉所有的物料很难，也没有必要。仓库主管要对仓储部员工进行合理分工，让每一位员工负责几种或几类物料，以便更好地管控物料。

3. 认真审核“发料单”

货仓管理员接到“发料单”(表3-5)后，需认真审核“发料单”的内容。填写规范的“发料单”不仅是发料的依据，而且是进行物料控制的依据，也是进行发料统计及订单、产品的物料消耗统计的原始凭证。“发料单”必须注明所有物料的规格、物料编号等。

表3-5　发料单

填单日期:_____年_____月_____日

物料编号	品名	规格/型号	单位	单机用量	需求数量	标准损耗	实发数量	备注

生产领料员:________　　仓管人员:________　　发料员:________

4. 要认真清点物料数量，防止发错

发料时最好两人一组进行，这样可以互相监督，防止错发物料数量。

5. 在“存料卡”上做记录

仓管人员清点完物料数量后，须及时在“存料卡”上做好记录，并检查“存料卡”的内容正确与否。确认无误后方可在“存料卡”上签字。

6. 做好物料交接

仓管人员负责将物料送往生产备料区，并与领料员办理交接手续。若无误，双方应在“发料单”上签字，并各自取回相应联单。

7. 认真、及时记入仓库账簿

仓管人员应将“发料单”上实际发出的数量及时记入仓库账簿。仓库账簿是进行物料储存控制的依据，不能有任何差错，在发料之后须认真登记。

8. 做好表单的保存与分发

仓管人员应将当天所有单据分类、整理好之后存档或集中分发给各相关部门。

（三）限额发料

限额发料也称定额发料，是由使用部门根据运营计划和物料消耗定额，事先为各车间的产品规定领用物料的数额。仓库主管应按规定的数额向各部门发放物料。超过规定数额时，除非另经批准，否则不再发料。实行限额发料时，仓库主管必须做好以下四项工作。

1. 确定发料限额

发料限额由各部门同仓库根据已经批准的运营消耗计划，分别按产品品种和物料品种予

以确定。发料限额确定后应及时通知各部门。

2. 填写“限额发料单”

“限额发料单”（表3-6）也称“限额发料卡”，由部门同仓库根据发料限额填写。“限额发料单”一式两联，一联交领料部门凭单领料，另一联交仓库据单发料，并在发料后作为记账的依据，在月末加以汇总后交财务部门。

表3-6 限额发料单

编号：________　　　　填单日期：______年______月______日

物料编号	品名	规格/型号	单位	单机用量	需求数量	标准损耗	领用限额	调整后限额	实发数量	备注

生产领料员：________　　　　仓管人员：________　　　　发料员：________

3. 严格执行发料限额

实行限额发料后，仓库主管必须按照发料限额准备物料，并严格按照限额发料。各部门必须在限额以内用料，如果由于运营任务超过原计划或其他原因，需要在限额以外领料时，必须在原来确定的限额的基础上提出申请，未经批准不能发料。

4. 尽可能做到送料上门

在实行限额发料的情况下，各部门的物料需用量应事先通知仓库主管，这样仓库主管就可以按照各部门的用料需要，将物料及时送到用料部门。

（四）处理发料问题

在发料的过程中，经常出现无单领料、凭证问题、单料不符、包装损坏、料未发完、料已错发等情况，仓库主管和仓管人员需要合理处理这些问题。

1. 无单领料

无单领料是指没有正式领料凭证而要求领料，如打电话领料。遇到这种情况，仓管人员应拒绝发料。

2. 凭证问题

发料前验单时，若发现领料凭证有问题，如抬头、印鉴不符，有涂改痕迹或超过了领料有效期，仓库主管应立即与物料需用部门联系，并向上级主管反映这一情况。备料后复核时若发现领料凭证有问题，仓管人员应立即停止发料。总之，手续不符，仓管人员就不能发料。

3. 单料不符

发料前验单时，仓库主管若发现领料凭证所列物料与仓库储存的物料不符，则应将领料凭证退回开单部门，更正及确认后再发料。遇到特殊情况，如某种物料马上要断料，需用部门要求先发料，然后再更改领料凭证时，上级主管批准后仓管人员可以发料，但应详细记录这一情况，并在事后及时补办更正手续。若备料后复核时发现所备物料与领料凭证上所列的物料不符，仓管人员应立即更换物料。

4. 包装损坏

物品外包装有破损、脱钉、松绳的，应予以整修加固，确保物品搬运过程中的安全。若发现包装内的物品有发霉、变质等质量问题或数量短缺，不得以次充好，以盈余补短缺。

5. 料未发完

物料发放原则上应按“领料单”当天一次发完，如确有困难，不能当日领取完毕，应办理分批领取手续。

6. 料已错发

如果发现错发了物料，仓管人员应尽快将此情况通知物料需用部门，同时报告上级主管，然后查明物料已到什么环节或地方，能追回的要及时追回；不能追回的，仓管人员应在物料需用部门的帮助下采取积极措施，尽量挽回损失，然后查明原因，防止日后再次出现类似情况。

（五）出库后异常情况的处理

成品出库后异常情况处理措施如下。

（1）物品出库后，有部门反映规格混串、数量不符等问题，若确属仓管人员的差错，则予以纠正并致歉；若不属仓管人员的差错，则应耐心向领用人解释清楚，请使用部门另行查找。对于易碎物品，发货后部门要求调换，应以礼相待，婉言拒绝。

（2）凡属使用部门原因，如型号、规格开错，制票员同意退货后，仓管人员应按入库验收程序重新验收入库。如属包装或产品损坏，仓管人员不予退货，待修好后，按有关入库质量要求重新入库。

（3）凡属产品的内在质量问题，部门要求退货或换货，应由质检部门开具检查证明、试验记录，物品主管部门同意后方可退货或换货。

（4）退货或换货产品必须达到验收入库的标准，否则不得入库。

（5）物品出库后，仓管人员若发现账实（结存数）不符，属于多发或错发的，要派专人及时追回，以减少损失，不可久拖不予解决。

三、理论知识考核

1.【判断题】库管人员发料遇紧急情况可无需登记予以发放。　　（　　）

2.【判断题】仓库主管需控制发料额度。　　（　　）

3.【判断题】每次发料均需填写进行登记。　　（　　）

4.【单选题】领料制不包括（　　）。

A. 领料员　　B. 规定的领料时间

C. 财务总监　　D. 填写领料单

5.【单选题】关于处理发料问题，描述错误的是（　　）。

A. 凭单领料　　B. 物品破损不得以次充好

C. 单料相符　　D. 错料可发

6.【单选题】关于发料的注意事项，描述错误的是（　　）。

A. 专人发料　　B. 专人取料

C. 包装破损可发　　D. 凭工具取料

四、技能训练

（一）实训任务单

任务描述	物品出库的方式与注意事项	
实训目的	通过不同的物品出库，训练出库的方法	
任务分析	重点	不同类别物品出库的注意事项
	难点	出库后异常情况的处理流程
任务时长	4小时	

（二）实训准备

存料卡、肉类、布草类、酒水类、蔬菜类、调料类相关物品及对应的仓库。

（三）操作步骤

确定物品所在的仓库并将物品安全准确地出库。

（四）操作要点说明

1. 在出库前区分不同类别物品。
2. 用合适的工具进行运送。
3. 确定送货部门。
4. 将不同物品从不同仓库取出。
5. 对出库物品进行登记。

（五）实训过程记录

1. 技能练习

项目	内容
工作准备	
操作过程	
操作结束	

2. 问题讨论

酒店存货发放出现存货数量短缺、不足的情况，应如何处理？

五、课后拓展任务

请讨论思考，物品出库的流程与注意事项有哪些？

任务5　酒店资产盘点

一、任务导入

盘点是指为确定仓库内或其他场所内所现存物料的实际数量，而对物料的现存数量加以清点。在大多数人的眼里，仓库盘点是一件很容易的事情，把材料成品数一数，记录一下品名和数量，就可以完工，但在实际的工作过程中，却发生很多账实不符的事情，发生这样的情况主要是一些细节没有做到位。其实仓库是一个物流的中心，一切的物资收发都必须经过仓库的流转，仓库必须在平时的工作中做到单据齐全、有据可查，仓库的工作就是真实全面地反映实物的流转过程。

思考：酒店进行物资盘点的时候，出现账实不符应如何处理？

二、理论知识

（一）盘点的目的

仓库盘点是指为确定仓库或其他场所内现存物料的实际数量，而对物料的现存数量加以清点。一般来说，盘点工作由仓库主管主导，财务部和后勤部等相关部门监督配合。盘点的具体目的如表3-7所示。

酒店资产管理

表3-7　盘点的具体目的

目的	方法
确定物料的现存数量，减少差错发生	盘点可以确定仓库内物料的现存数量，并纠正账物不一致的问题，避免因账面错误而影响正常的生产
检讨物料管理的绩效并改进	盘点可检讨物料管理的绩效，进而加以改进。例如，通过盘点可以确认呆料、废料的数量，物料的保管与维护是否到位，物料的存货周转率是否理想等
计算损益	企业的损益与物料库存有着密切的关系，而物料库存金额的正确与否与存量及单价的正确性相关。为了得到正确的损益数据，必须通过盘点查明现存物料的数量

续表

目的	方法
对遗漏的订单采取补救措施	采购部因工作疏忽遗漏的订单，可通过盘点加以补救。仓库的账务与实物，一般来讲必须做到日清月结，但在大多数企业，做到每天结账的可能性很小，主要原因是单证的不齐全，还有一个重要的原因就是工作量太大，企业所给予的人力物力不能完成这项繁重的工作。为尽可能地做到账务与实物的一致，并与财务要求保持一致，财务部一般会要求仓库每月盘点一次，以满足会计核算的要求，在我们这里，每个季度财务部与仓库部/生管部会同盘点一次，并以半年度盘点和年底盘点最为重要。 盘点是一项日常工作，是账务与实物之间的一个衔接点，当发现账务与实物出现差异的时候，就要查明原因，做出处理结果，不同的差异原因得出不同的处理结果，主要的处理结果有账务调整、补充单据、盘亏赔偿损失等

（二）盘点的意义

盘点是指为确定仓库内或其他场所内所现存物料的实际数量，而对物料的现存数量加以清点。盘点工作的结果往往揭示了酒店经营管理状况的好坏，通过盘点不仅可以掌握酒店资产、存货的库存情况，及时指导酒店的日常经营业务，还可以及时了解酒店的损益情况，以便真实地把握酒店经营绩效，帮助管理者制定应对措施。

（三）盘点的对象

酒店通常需要进行四大类盘点，分别是现金盘点、库房盘点、营运物资盘点和固定资产盘点。

1. 现金盘点

现金盘点的范围包括酒店的库存现金、银行存款、支票及其他有价证券等。酒店现金盘点通常采取月末、年终定期盘点与平时不定期抽查盘点结合的方式。

2. 库房盘点

酒店通常每月末（一般为每月26日）对酒店各库房进行盘点，即对食品库、酒水库、总库、其他库等库房内货物进行盘点。

3. 营运物资盘点

酒店通常每三个月或半年对酒店投入运营的布草、器皿、厨房用品等营运物资进行一次盘点。

4. 固定资产盘点

酒店通常每半年或一年对固定资产进行一次盘点。新会计准则中规定："凡使用年限一年以上，单位价值在2000元以上的资产，称为固定资产。"

（四）盘点的类型与方法

1. 盘点的类型

在实际工作中，需根据货物的特性和操作要求正确运用盘点方法。依照进行的目的及方式不同，盘点被分为以下几种。

（1）抽样盘点　在检查监管员工作是否到位的时候，为了提高工作效率，检查监管员是否严格落实管理公司制度和要求所发起的突击性质的盘点。抽样盘点要有针对性，可针对货物进出较为频繁的、较难盘点的或监管员已经盘点完毕的进行抽盘。

（2）临时盘点　针对特定情况而进行的盘点，如在日常监管过程中，对于有进出变动的货物，进行临时盘点，以审查企业提供单据数与实际库存是否一致。

（3）定期全盘　根据所制定的盘点计划，在一定周期内（一般在一个月内）进行大规模、全面性的盘点工作。通过定期的全盘，能够摸清库存数量，能校对由于平日人为操作失误而造成的误差。同时能剔除过期、变质、变形等已不符合要求的货物，得到更为准确的数据，同时为下阶段采取相应的监管措施提供依据。而对于易于盘点的物品，如钢卷、油品等质押物，一般都要做到每天全盘。

（4）循环盘点　监管工作既讲风险控制又讲求成本控制，监管员的配置要讲求合理。对于数量大、规格多、分布散且货物变动频繁的仓库，我们不能一味地增加人手，而盘点工作又不能在一个工作日内完成，我们一般将货物依照规格或者区域划分，规定在一定盘点周期内进行循环盘点，但是循环盘点要求循环时间不能间隔太长，一般以2～3天为好，间隔太长则造成误差较大。

（5）估盘　对于无法盘点的货物（主要是散货），如豆类等，只能通过记录进出库时过秤数量进行控制。故需要确保每笔进出库数据均有记录且记录准确同时通过了解其生产经营方式，培养出估算的能力。

2. 盘点的方法

（1）永续盘存制（Perpetual Inventory System）　也称账面盘存制，就是通过设置存货明细账，对日常发生的存货增加或减少进行连续登记，并随时在账面上结算各项存货的结存数并定期与实际盘存数对比，确定存货盘盈盘亏的一种制度。使用永续盘存制可以随时反映某一存货在一定会计期间内收入、发出及结存的详细情况，有利于加强对存货的管理与控制，取得库存积压或不足的资料，以便及时组织库存品的购销或处理，加速资金周转。永续盘存制是对存货的日常记录既登记收入数，又登记发出数，通过结账，能随时反映账面结存数的一种存货核算方法。

（2）实地盘存制（Physical Inventory System）　又称定期盘存制。根据财产清查结果确定期末账面结存数量的方法。由于这种方法一般是在会计期末计算和确定结存存货成本和本期销售或耗用存货成本时采用，所以称为定期盘存制。会计期末，采用实地盘点的方法时，根据清查的结果确定期末存货账面结存数量及其金额。在存货的明细账记录中，存货的增加要根据有关会计凭证，逐笔连续记录，但存货因正常业务的发出不做记录，平时不结算账面结存数量和金额，而是根据期末实地盘点的结果，确定存货账面结存数量和金额，并采用倒挤的方法计算本期销售或耗用的存货数量和金额。实地盘存制的优点是核算工作比较简单，工作量较小；缺点是，手续不够严密，不能通过账簿随时反映和监督各项财产物资的收、发和结存情况。反映的数字不精确，仓库管理中尚有多发少发，物资毁损，盗窃，丢失等情况，在账面上均无反映，而全部隐藏在本期的发出数内，这样不利于检查监督。实地盘存制只适应数量大、价值低、收发频繁的存货。

（五）盘点的流程

1. 确定盘点日期

从账物一致的观点来说，盘点的次数越多越好，但是实施盘点总会耗费一定的人力、物力和财力，有时还会影响生产进度，所以不能频繁盘点。一般物料的盘点每半年或每年进行一次。容易毁损且盘点手续简单的物料可每月盘点一次。为了正确计算损益及反映财务状况，盘点最好在财务决算前进行。在淡旺季很明显的行业里（如酒店业），盘点工作应在淡季进行，因为在淡季物料的储存量最少，容易盘点，而且停工带来的损失较少，调动人手也方便。若盘点时间过长，则会造成极大的浪费，所以，盘点的时间应尽可能缩短，通常利用假期在两三日内盘点完毕。

2. 制订盘点计划

仓库主管根据仓库管理及生产的需要制订仓库盘点计划，依该计划对库存物料实施盘点。下面是某酒店制订的仓库盘点计划。

××酒店仓库6月末盘点计划

盘点时间：××年××月××日。

地点：配件库各库房。

盘点程序：

1. 初盘：由配件库自行安排相关人员对本库房物料进行盘点。
2. 复盘：由盘点小组指定专人进行盘点，并核实账、卡记录。
3. 盘点工作总结：由仓库根据本次盘点情况出具书面总结。
4. 盘点结果分析：由仓管人员组织配件库工作人员对本次盘点的仓储状况、安全库存、盈亏结果等进行书面分析。

盘点小组负责人：王××、李××、张××、刘××。

工作人员：万××、敬××、周××、袁××。

工作要求：

1. 各类库存物料的台账、标志卡、物料卡、盘存单一定要在盘点前登记完成，并由仓管人员完成初盘。
2. 各种计时器具、卡量工具和检测仪器仪表及盘点登记用的各种表格应提前准备妥当，以备使用。
3. 复盘结束后，应尽快查清盈亏原因，做好盘点工作总结，完成盘点结果分析，并报总部批准。
4. 将报批后的盘点盈亏结果分析报告交财务部门。

盘点领导小组

××年××月××日

（六）盘点结果处理

1. 统计盘点结果

“盘点卡”是盘点实际库存数的原始记录，在盘点结束后要用计算机打印出各仓位。

（1）盘点差异分析表　盘点差异分析表（表3-8）的内容包括物料编号、原存数量、实盘数量、差异数量、差异原因及建议对策等。

（2）盘点异动报告表　盘点异动报告表（表3-9）的内容包括物料编号、原存数量、盘盈（亏）数量、盘盈（亏）金额等。

表3-8　盘点差异分析表

编号：________　　　　　　　　　　　　　　　填表日期：_____年_____月_____日

物料编号	仓位号码	单位	原存数量	实盘数量	差异数量	差异比例/%	单价/元	金额/元	差异原因	累计盘盈盘亏数量	建议对策	累计盈亏金额/元
合计									合计			

制表人：________　　　　　　　　　　　　　　　　　　　　　审核人：________

表3-9　盘点异动报告表

编号：________　　　　　　　　　　　　　　　填表日期：_____年_____月_____日

盘点日期	物料编号	物料名称	盘盈数量	盘亏数量	盘盈（亏）金额/元	原存数量	实盘数量	累计盘盈（亏）数量	单价/元	累计盘盈（亏）金额/元

制表人：________　　　　　　　　　　　　　　　　　　　　　审核人：________

2. 确认盘点差异

将盘点所得资料与账目进行核对，若发现料账不符，仓库主管应追查原因，具体可以从以下五方面着手。

（1）料账不符是否确实，是否存在因料账处理制度存在缺陷而造成料账无法确切反映料数目的现象。

（2）盘盈、盘亏是否存在由于料账员记账错误或将进料、发料的原始单据丢失造成料购不符的现象。

（3）盘点人员是否不慎多盘或对存放处的物料漏盘；是否存在对盘点人员的事先培训工作不到位而造成料账不符的现象。

（4）盘点与料账的差异是否在规定的范围内。

（5）找出盘盈、盘亏的原因，看日后是否可以事先预防或缓和料账差异的程度。

查明以上事项的同时，仓管人员也要将相关信息填入“库存盈亏明细表”（表3-10）。

3. 盘点差异原因分析

表3-11列举出常见的盘点差异原因及说明。

表3-10　库存盈亏明细表

编号:________　　类别:________　　填表日期:______年______月______日

项次	品名	物料编号	单位	账面数量	盘点数量	差异	差异产生原因

制表人:________　　审核人:________

表3-11　常见的盘点差异原因及说明

差异原因	具体说明
账目错误	（1）登记账簿错误 （2）数量计算错误 （3）登账时漏记，造成盘亏或盘盈 （4）对于物料的数量统计，在登记时发生笔误
储存作业错误	（1）接收及拨发物料时清点错误 （2）物料未按规定开箱检验，事后才发现原装箱的数量超出或不足 （3）物料储存的过程中原挂签损坏或遗失，导致物料名称及物料编号等无法确定，很可能与其他相似物料混淆 （4）物料编号错误
物料本身发生变化	（1）在拨发原装箱物料时发现物料变质或损坏 （2）保管不当，物料遗失或意外损坏 （3）接收物料时，检验人员对物料的鉴别错误 （4）基于需要变更物料类别
盘点方法选择不合理	如存在重盘、漏盘、误盘等

4. 处理盘点差异

（1）修补改善工作　主要有以下几点。

①依据管理绩效对分管人员实施奖惩。

②“料账卡”“物料管制卡”的账面纠正。

③及时采购不足料。

④及时处理呆料与废料。

⑤加强整理、整顿、清扫与清洁工作。

（2）预防工作　主要有以下几点。

①若呆料比例过大，则应分析原因，找到解决办法，以减少呆料。

②当存货周转率极低、存料数量过多而造成财务负担过大时，应降低库存量。

③当物料供应过多时，应强化物料计划与库存管理，以及加强仓储部与采购部的配合。

④料架、仓储、物料存放地点影响物料管理绩效的，必须改进。

⑤成品成本中物料成本比例过大时，应分析采购价格偏高的原因，并降低采购成本或寻找价格较低的替代品。

⑥物料盘点工作结束后，应分别处理呆滞、盈亏、损耗等问题，以防此类问题再次发生。

5. 处理盘盈和盘亏

物料盘点结束并将盘盈、盘亏的原因查明之后，仓库主管应安排仓管人员做适当调整与处理。除了物料数量的盘盈、盘亏，有时因物料存放过久，物料品质受影响而形成呆料、不合格品、报废品，物料自然也就随之减价了，这种减价也应该与盘亏一并处理。物料盘盈、盘亏与价格的增减必须经由上级主管认定，认定完毕后填写物料盘点数量盈亏及价格增减更正表（表3-12），将其作为改正账簿记录的依据。

表3-12　物料盘点数量盈亏及价格增减更正表

填表日期:＿＿＿年＿＿＿月＿＿＿日

物料编号	单位	账面			实存			数量				价格				差异原因	责任归属	备注
								盘盈		盘亏		增价		减价				
		数量	单价/元	金额/元	数量	单价/元	金额/元	数量	金额/元	数量	金额/元	单价/元	金额/元	单价/元	金额/元			

6. 严格调整账面存量

根据盘点后的差异分析结果，仓管人员要调整库存账目和保管卡，确保账、物、卡三者一致。

（1）调整库存账目　仓管人员根据盘点结果，在库存账页中对盘亏数量做发出处理，并在摘要中注明盘盈（亏），如表3-13所示。

表3-13　盘盈（亏）库存账目调整

编号:＿＿＿＿　　　　填表日期:＿＿＿年＿＿＿月＿＿＿日

＿＿＿＿年		凭证		摘要	收入	发出	结存
月	日	种类	号码				
12	30	领料单	06123005			5000	146000
1	1	盘点单	070101	盘亏		5000	141000

制表人:＿＿＿＿　　　　审核人:＿＿＿＿

（2）调整保管卡　仓库主管应该在收发记录中填写变更后的物料数量，如表3-14所示。

表3-14　盘盈（亏）保管卡调整

编号:________　　　　　　　　　　　　　　　填表日期:______年______月______日

收发记录							
日期	单据号码	发料量	存量	收料量	退回	订货记录	备注
12月30日	06123005	5000	146000				
1月1日	070101	5000	141000				盘亏

制表人:________　　　　　　　　　　　　　　　　　　　审核人:________

三、理论知识考核

1.【判断题】盘点只需要财务人员参加即可。（　　）

2.【判断题】库房盘点需要确定时间和人员。（　　）

3.【判断题】当盘点发现账实不符的情况，则一定代表盘点过程有误。（　　）

4.【单选题】在确认盘点差异时，需用的表格为（　　）。

A. 物料盘点清册　　B. 一联式盘点卡

C. 盘点差异分析表　　D. 盘盈（亏）保管卡

5.【单选题】下列选项中，关于实地盘存制与永续盘存制的关系，描述错误的是（　　）。

A. 二者对各项财产物资在账簿中登记的方法不同

B. 二者财产清查的目的不同

C. 二者使用情况不同

D. 二者都加大了日常的盘点工作量

6.【单选题】根据货物的特性，所采用的盘点方式有所不同，下列选项中，描述错误的是（　　）。

A. 循环盘点法需制定货物盘点周期　　B. 定期盘点法可每月进行

C. 抽样盘点法可抽取较难盘点的货物进行　　D. 临时盘点法要求定期进行

四、技能训练

（一）实训任务单

任务描述	仓库盘点	
实训目的	盘点是指定期或临时对库存商品的实际数量进行清查、清点的作业，即为了掌握货物的流动情况（入库、在库、出库的流动状况），对仓库现有物品的实际数量与保管账上记录的数量相核对，以便准确地掌握库存数量，从而达到成本最大化的目的	
任务分析	重点	盘点的操作流程
	难点	准确地盘点物品
任务时长	4小时	

（二）实训准备

除确定盘点人员与盘点时间以外，还需准备盘点表。

（三）操作步骤

根据不同仓库的不同物品，制定不同的盘点表并通过合理的盘点方式在合适的时间进行盘点，过程需详细记录，并找出盘点差异进行总结。

（四）操作要点说明

1. 根据仓库与物品，制定盘点表。
2. 列出盘点计划。
3. 多部门协同进行盘点分工。
4. 确定不同类别物品的盘点方式。
5. 盘点工作流程的实施。
6. 汇总盘点表，记录盘点差异并分析原因。

（五）实训过程记录

1. 技能练习

项目	内容
工作准备	
操作过程	
操作结束	

2. 问题讨论

盘点过程中出现物品无法辨别种类，应如何处理？

五、课后拓展任务

请讨论思考，如果在盘点过程中，发现缓慢移动物品或者停滞物品，应如何处理？

项目四

酒店成本费用管理

项目描述

当谈论酒店经营时，了解和管理各种成本和费用是至关重要的，因为它们直接影响酒店的盈利能力和竞争力。酒店成本和费用可以涵盖酒店运营中的各种开支和支出，以确保酒店正常运营并提供高质量的服务。本项目将深入探讨酒店成本和费用的概述，包括酒店餐饮成本管理、酒店客房费用管理和酒店其他费用管理。有效管理酒店餐饮、客房以及其他费用将有助于提高效率、降低浪费，并增加酒店的利润。酒店管理团队需要密切监控这些成本，并制定适当的策略来控制开支，以确保酒店在市场中取得成功。在酒店经营中，精细的成本和费用管理不仅有助于经济效益，还能提供更高水平的客户满意度和服务质量。

学习目标

❶ 知识目标

（1）识别和描述酒店经营中的各种成本和费用，包括客房成本、餐饮成本、能源成本等。

（2）了解餐饮成本、客房成本的构成内容。

（3）理解有效的成本管理对于酒店的盈利能力和竞争力的重要性，以及它如何影响酒店的可持续发展。

❷ 能力目标

（1）能够分析和比较不同酒店的成本结构，包括餐饮成本管理、客房费用管理和其他费用管理。

（2）能够制定成本控制策略，包括如何降低成本、提高效率和最大化利润，同时确保高质量的服务。

❸ 思政目标

（1）培养学生建立正确的职业道德及价值观。

（2）引导学生思考酒店经营对社会和环境的影响，以及如何通过成本管理来支持可持续性和社会责任。

（3）培养成本控制意识。

任务1 酒店成本费用概述

一、任务导入

天堂海滩度假村（Paradise Beach Resort）是泰国一家位于热门度假胜地的豪华海滨度假酒店，提供200间客房、多个餐厅、水上运动设施和会议中心。虽然酒店一直以来都备受游客欢迎，但最近酒店管理层开始感到一些担忧，因为经营成本在不断上升。为了确保酒店具有一定的竞争力并保持盈利，他们决定进行一次全面的成本费用分析。任务包括：

（1）成本分类 对酒店的成本进行分类，列出主要成本项目，包括房间成本、工资和员工成本、食品和饮料成本、能源成本、运营和维护成本、市场营销和广告费用等。解释每个成本项目的含义和重要性。

（2）成本趋势分析 分析过去三年的财务数据，以了解各项成本的趋势。确定哪些成本项目的增长率最高，哪些是稳定的，哪些有下降趋势。

（3）成本效益分析 提出至少三项可以降低成本和费用的具体策略。对于每项策略，估算实施后预计的成本节省和潜在的盈利提升。

（4）竞争对手比较 比较该酒店的成本构成与同一度假胜地的其他度假酒店。分析哪些成本项目相对较高，哪些相对较低。

思考：酒店的成本、费用项目都有哪些？

二、理论知识

酒店成本费用管理是酒店经营中的关键领域，在市场竞争日益激烈的时代，有效控制成本费用，已经成为酒店生存和发展的必由之路，也体现了酒店经营者的管理水平，酒店必须通过建立各种保障体系，控制和管理好各项开支，以确保酒店在盈利能力、可持续性和竞争力方面表现良好。

（一）酒店成本费用的内容

酒店在经营中发生的各种耗费，品目繁多，为了便于管理和控制，一般将其用于生产或提供产品或服务的直接支出部分，列为营业成本，比如原材料、劳动力和设备成本；未列入成本的各项耗费，与某项具体的业务活动相关的支出，列为期间费用，如销售费用、市场营销费用和行政费用。

（二）成本费用分类

1. 酒店的营业成本

酒店的营业成本包括餐饮销售中的食品原材料、酒水等的耗用成本，还有商品销售中，商品的进价成本，电话、复印等成本。常见的酒店营业成本主要包含以下内容。

（1）食品和饮料成本　有以下两种。

①食材成本：涵盖从供应商购买的食材和原料的费用，包括肉类、蔬菜、鱼类等。

②酒水成本：包括酒类和其他饮料的采购成本。

（2）商品进价成本　酒店小商品店销售商品的进价成本，比如香烟、冰激凌、工艺品、纪念品等。

（3）其他成本　酒店在经营中其他营业项目所支付的直接成本，比如商务中心的复印成本等。

2. 酒店的期间费用

酒店的期间费用指的是酒店在经营中发生的，与经营活动有关的各项费用，这些费用应直接计入当期损益，需要从酒店的经营收入中得到补偿。常见的酒店期间费用主要包含以下内容。

（1）客房费用　有以下几种。

①客用品和清洁用品费用：涵盖床上用品、毛巾、清洁剂等客房维护和清洁所需的物品成本。

②维护和修理成本：包括维护和修理客房设备和家具的费用。

③折旧费用：指房间设备和家具的折旧费用，通常按年度摊销。

（2）职工薪酬　有以下几种。

①薪资：涵盖所有员工的薪资。

②福利费用：包括员工的福利，如医疗保险、退休金计划和假期津贴等。

③培训成本：用于培训员工和提升员工技能的费用。

（3）能源费用　有以下几种。

①电力费用：用于提供电力供应的费用，包括照明、电器设备和空调。

②水费：涵盖酒店用水的费用，包括供应客房、餐厅和洗衣房的水。

（4）运营和维护费用　有以下几种。

①维护设备和设施：用于维护酒店设施、设备和大楼结构的费用。

②清洁服务费用：用于酒店公共区域和客房的清洁服务费用。

（5）市场营销和广告费用　有以下几种。

①广告和宣传费用：用于市场推广、广告宣传、促销和市场研究的费用。

②销售和营销团队的薪资：涵盖销售和市场营销团队的薪资和福利。

（6）税费　增值税和企业所得税等，根据当地法规和税收政策支付的税费。

（7）保险费用　包括财产保险、责任保险和员工福利计划。

（8）其他费用　有以下几种。

①行政开支：与管理酒店运营相关的办公室、人力资源和行政支出。

②折旧和摊销：对资产折旧和摊销的费用。

（三）成本费用控制

成本费用控制是指采取各种策略和措施，以限制或减少酒店的成本和费用。这包括优化采购、提高生产效率、控制人力成本、降低能源消耗等。

（四）成本效益分析

成本效益分析是评估成本控制措施的效果的过程。它涉及估算实施某项措施后的成本节省和潜在的盈利提升，以确定是否值得投资。

（五）成本效益与服务质量的平衡

酒店需要在成本控制和提供高质量服务之间找到平衡。降低成本不能牺牲客户满意度和服务质量。

三、理论知识考核

1.【单选题】酒店成本费用管理的主要目标是（　　）。

A. 最大化客房价格　　B. 最小化员工薪资

C. 提供高质量的客户服务　　D. 增加市场营销开支

2.【单选题】成本效益分析的目的是（　　）。

A. 降低所有成本项目　　B. 评估项目或策略的经济效益

C. 提高员工满意度　　D. 增加市场份额

3.【单选题】酒店食品和饮料成本包括（　　）。

A. 食材成本和人工成本　B. 电费和水费　C. 市场营销费用　D. 客房清洁费用

4.【单选题】为了降低员工成本，酒店管理可能采取的策略包括（　　）。

A. 提高员工薪资和福利　　B. 减少员工培训

C. 增加员工数量　　D. 缩减员工福利计划

5.【单选题】可持续性在酒店业中的作用是（　　）。

A. 提高酒店的整体成本　　B. 帮助酒店更好地满足客户需求

C. 减少环境影响并提高社会责任　　D. 降低服务质量

四、技能训练

（一）实训任务单

任务描述	酒店成本费用管理技能训练	
实训目的	帮助学生掌握酒店成本费用管理的基本概念和技能	
任务分析	重点	酒店经营成本及各项费用
	难点	酒店成本管理方法
任务时长	1小时	

（二）实训准备

1. 准备酒店经营数据。
2. 纸、笔、计算器。

（三）操作步骤

1. 分类酒店费用支出。
2. 计算每类支出所占总收入的比例。

（四）操作要点说明

1. 确保正确理解每项费用的含义。
2. 使用计算器进行准确计算。
3. 小组内成员之间可以相互讨论，共同解决问题。

（五）实训过程记录

1. 技能练习

学生根据提供的酒店经营数据，分类酒店费用支出并计算比例。

项目	金额/元
一、总收入	
房间收入	412,929.35
餐饮收入	110,203.45
其他收入	66,194.84
二、总成本和费用	
客房费用	127,345.21
餐饮成本	38,203.94
职工薪酬	156,927.46
清洁服务费用	24,583.29
市场营销和广告费用	35,928.72
能源费用	43,921.03
税费	73,479.83
三、总利润	

2. 问题讨论

讨论各项费用对酒店经营的影响以及如何有效管理成本。

五、课后拓展任务

调研一家五星级酒店，分析餐饮部生产环节的成本项目包含哪些内容。

任务2　餐饮成本管理——加工间成本

一、任务导入

厨房加工间所使用的原材料，采购回来以后一般都需要进行粗加工步骤，而在每一个加工环节，原材料重量都会发生变化；如何控制原材料的耗损，提高原材料的利用率，确保采购回来的物品能够物尽其用，对原材料的出成率控制尤为重要。

思考：酒店应采取哪些措施，来控制厨房加工环节食品原材料的浪费？

出成率

二、理论知识

（一）食品原料出成率

原料经过加工后重量会发生变化，变化后的原料重量与加工前的重量的比率就是食品出成率。食品原料出成率指标是管理者采用最多的一项指标，由于原料加工的方法不同，在计算食品出成率时也会有一些不同的计算指标，如原料净料率、原料净料成本标准、原料损失率、涨发率等。

酒店计算食品原料出成率有许多积极作用，主要体现在：第一，食品原料出成率便于精确计算投料量。厨师在烹制菜肴时对原料的投放量是基于标准菜谱的，而标准菜谱中原料的需要量一般是根据原料初步加工后的标准计算的。如果根据加工前的标准计算，就会因同种原料的采购标准不同（如干湿程度、皮层厚薄、单体大小等）导致菜谱提供的投料标准失去参考价值。所以计算食品原料出成率有助于精确计算投料量。第二，食品原料出成率可以引导采购部做出准确的采购决策。餐饮部各部门是密切相连的一个整体，只有在厨师需要多少原料做出精确预测的情况下，采购部才能采购到相对更精确的原料，否则要么供应不足，要么采购过多而导致浪费。第三，食品原料出成率有利于管理者对购买半成品还是纯原料做出决策。有时因为某些特别技能或设备的要求，可能采取直接购买半成品的方式会使成本低一些，如购买猪肉，如果购买生猪（即活猪），则酒店必须有相应的屠宰设备及屠夫，这些都会导致酒店其他成本的增加，如设备购买成本和屠夫工资等。如果购买半成品中所含的加工费比较高，而自行加工又比较便利的时候，可购买纯原料自行加工。

1. 原料净料率

原料经加工后所得的部分叫净料，净料重量与加工前的重量相比，即可得原料净料率。加工前的原料重量用毛重表示，因此净料率的计算公式可表示为：

$$原料净料率 = 净料重量 \div 毛重 \times 100\%$$

例：购回一条鲤鱼重1000克，经过宰杀，去鳞、鳃、内脏，再洗涤后得净重800克，则

$$鲤鱼的净料率 = 800 \div 1000 \times 100\% = 80\%$$

原料净料率的高低主要受原料本身特点和员工的技术水平的影响。如买回的莴笋，不可能全部用于烹饪，在烹饪前要先去皮，这与莴笋本身的特点有关，而去皮的厚薄则与员工技能有重要关系。要提高原料净料率，经营管理者需对一些可控因素采取必要措施，如员工技能的培训。通过计算净料率来控制成本，并可以此作为考核员工业绩的一个指标。如时令冬笋的净料率一般为31%～37%，如果在检测中员工加工后的时令冬笋净料率小于这个标准，则管理应该追究员工原因。

对于需要择除的原料，通常为蔬菜类，采用此种计算方式比较简单方便。对酒店经常使用的一些原料可以计算出标准净料率（当然标准净料率不是特指一个确定的数，可以在一定范围内浮动），并以此标准进行成本控制。

2. 原料净料成本标准

原料经采购回后，需根据原料特点进行不同的加工，如冬瓜需去皮和瓜仁，生鸡需去毛、内脏等。原料净料成本又称净料的单位成本。不同原料计算成本的方法也不完全相司，主要分一料一档型和一料多档型。

（1）一料一档型　一料一档型就是指一种原料经加工后只能得到一种净料的情况，蔬菜类大多属于一料一档型。这类原料的成本比较容易核算，计算公式如下：

原料净料成本 = 毛料总价值 ÷ 净料量

如果已知原料净料率，则

原料净料成本 = 毛料总价值 ÷（毛重 × 原料净料率）= 原料单价 ÷ 净料率

例：已知购回圆白菜10千克，每千克1.5元，又已知圆白菜的净料率为80%，求这批圆白菜的净料成本。

净料成本 = 1.5 ÷ 80%=1.875（元 / 千克）

（2）一料多档型　一料多档型就是指一种原料经过加工后得到多种净料的情况，一般表现为需要屠宰的鲜活家禽家畜类或鱼类等肉类原料，如买回一只鸡经过宰杀、洗涤后可得鸡脯、鸡腿、下脚料等，这些在烹制时需分档取料。在计算这类原料的每档成本时稍微复杂一点，计算公式如下：

某档净料成本 =（毛料总价值-其他各档总价值-下脚料价值）÷ 某档净料量

例：购进冻牛肉100千克，每千克16元，经加工后得牛筋15千克，每千克3元；下脚料8千克，每千克2元。净牛肉72千克，其余算为损耗。计算净牛肉的成本。

净牛肉成本 =（16 × 100-3 × 15-2 × 8）÷ 72 ≈ 21.38（元 / 千克）

这种方法被称作屠宰测试法。通过屠宰测试法来计算出成率，管理者可以对是购买鲜活的还是已经切配好的原料进行成本衡量，从而做出决策。常用原料出成率如表4-1所示。

3. 原料损失率

原料损失率是相对于净料率而言的，它是指在加工中的损失量占原料毛重的比率，计算公式如下：

原料损失率 = 损失量 ÷ 毛重 × 100%=1-净料率

如上例中所得鲤鱼的净料率为80%，则其损失率 = 1-80%=20%

表4-1　常用原料出成率

原料名称	出成率/%	烹调方法
鲜鱿鱼	80	烤、炒
干鱿鱼	400~700	烤
鲍鱼（干货）	280~300	烧、煮
鱼肚（干货）	300	烧
海参（干货）	300	烧
黄花菜（干货）	300	炒
木耳（干货）	1200~1300	炒、炖
银耳（干货）	1000	拌、炖
蹄筋（干货）	250	烧、拌
兔肉	60	烧、拌
猪腰	33	炒、拌
猪肚	66	烧、炒
牛肚	45	烧、炖
鸡	44	炒
鲫鱼	75	烧、炖
海螺	20	炒、煮

净料率与损失率实质相同，由于不同的人对数字的敏感性不同，就拿上例鲤鱼来说，有些人看到其净料率为80%，或许会觉得净料率挺高的；而有些人可能会认为其损失率为20%也有点高。由此，管理者可根据实际情况任意选择。

4. 涨发率

涨发率也是餐饮部经常采用的一种衡量原料出成率的指标。对一些需要涨发后才能使用的干料一般要计算其涨发率，如海带、木耳、银耳、干菇等。影响涨发率的因素主要有两个：原料情况和涨发方法。购回的干料有些可能会比较干，有些则相对更湿，这会影响涨发率，一般越干的原料涨发率越高。涨发方法也是影响涨发率的一个重要因素，如有些干料需采用热水涨发，如果用凉水则会降低涨发率；有些在涨发时不能用带油的水，如海参类原料经油发会使其融化一部分。对于涨发方法这一点，需要员工掌握一些涨发的技巧或常识，以避免因方法不妥而导致成本增加。

计算涨发率的思路与计算净料率是相同的，即用涨发后的重量除以涨发前的重量，只是涨发率一般都是倍数。

（二）食品原料熟制率

有些原料经加工后重量、体积变化不会太大，而有些则会有明显变化，一般表现为减少，原料的这种特性决定了其熟制率的大小。熟制率，指食品原料经过烹制后的重量（用

“熟品量”表示）与加工前的重量（用“毛重”表示）之比。用公式表示是：

食品原料熟制率 = 熟品量 ÷ 毛重 × 100%

例：购进500克生牛肉，经烹制后的重量为300克，则

生牛肉的熟制率 = 300 ÷ 500 × 100%=60%

一般而言，熟制率会受烹制的时间与火候影响。所以加强对厨师的烹调技术的培训对控制食品原料熟制率有重要意义。

三、理论知识考核

1.【判断题】酒店所有原料的出成率都小于1。（　）

2.【判断题】酒店的原料出成率越高越好。（　）

3.【单选题】出成率的高低取决于（　）。

A. 原料的质量　　B. 使用工具的好坏

C. 员工的技术　　D. 管理者的要求

四、技能训练

（一）实训任务单

任务描述	西蓝花粗加工环节出成率的测算	
实训目的	核算西蓝花的出成率	
任务分析	重点	测量西蓝花粗加工环节的出成率
	难点	影响西蓝花出成率的因素
任务时长	1小时	

（二）实训准备

所需原料及工具	
原料及工具	用量/个
西蓝花	1
水盆	1
削皮刀	1
砧板	1
菜碟	1
手套	2

（三）操作步骤

子任务	操作步骤
粗加工	1. 将刚采购回来的整个西蓝花过秤，称重得出毛料重量
	2. 将西蓝花去根，切除硬皮，按照根茎纹路切割成小朵
	3. 过秤切配完的西蓝花，称重得出净料重量
计算	计算出成率

（四）操作要点说明

1. 秤要放在水平台面。
2. 切除西蓝花根部注意不要切到手。
3. 称重时要注意去皮。

（五）实训过程记录

1. 技能练习

项目	内容
工作准备	
制作过程	
制作结束	

2. 问题讨论

（1）500克品质好的西蓝花出成率是多少？

（2）影响出成率的因素有哪些？

五、课后拓展任务

五星级酒店推出了一道新菜“椒盐大虾”，立刻受到了广大宾客欢迎。假设每道“椒盐大虾”的标准菜单如下：

序号 CODE	原料 INGREDIENTS	计量单位 UNIT	数量 QTY	成本/元 COST
1	大虾	克	250	16
2	粗盐	克	10	0.5
3	红尖椒	克	30	1.5
4	花椒	克	30	0.8
5	姜	克	50	0.6
6	香葱	克	50	1.2

根据标准菜单所示，每制作一份“椒盐大虾”，需要大虾250克，根据餐厅经理的记录，已经收到第二天的全部预订信息，“椒盐大虾”预订量为20份；厨师长在收到通知后，遂立刻下单申请采购250克×20=5000克大虾。为了确保大虾的新鲜，厨师长特意通知采购部门大虾需加冰冷冻后送过来。第二天一早，收货部门按时收到冰冻大虾5000克。

请问：厨师长最后是否能按需按量完成20份“椒盐大虾”的制作？

任务3 餐饮成本管理——烹饪成本

一、任务导入

“不以规矩，不能成方圆”，对食品进行生产加工也要遵循这个道理。有了标准，才有参考、考核的指标，才能有效进行管理控制，才能更科学地预测计量。酒店在管理中主要通过编制菜谱、规定各项控制指标来进行生产成本控制。

对餐饮食品进行生产加工，首先要确定生产的标准食谱。酒店餐饮部常用的食谱主要包括菜谱、面点谱和酒谱。由于菜谱在整个食谱中占据核心地位，而且本任务的重点是酒店食品生产加工成本控制，所以本任务着重以菜谱为例讲述菜谱的利弊等相关内容。

曾有人将菜单比喻为到达经营指标的“路线图”，而菜谱就是使餐厅不停地在路线上进行工作的“提示器”。每个酒店在编制自己的菜谱时，其格式并非千篇一律的，在表格形式甚至内容上都会有所差别，酒店应当根据自身情况把自己认为值得记录的内容在标准菜谱上反映出来，但配料种类及数量、烹制过程应该作为必不可少的项目列在标准菜谱中。

思考：酒店的标准菜谱就是一个配方吗？

二、理论知识

标准菜谱

（一）标准菜谱

1. 标准菜谱的定义

标准菜谱（Standard Recipe），是指对制作一道菜肴所需各种配料的名称、数量、价格以及烹饪时间、所需器具、制作过程等做出详细确定的清单。

2. 标准菜谱的意义

标准菜谱的意义主要体现在以下6个方面。

（1）食谱程序书面化　厨师知道每道菜肴所需要的原料、用量及制作方法，只需要遵照执行即可，可以避免对个人因素的依赖。

（2）高效率安排生产　制作具体菜肴的步骤和质量要求明确以后，安排工作时可以更加快速高效。

（3）预示产量　可以根据原料数量，测算生产菜肴的份数，方便成本控制。

（4）合理定价　依据标准菜谱确定标准成本，成本确定后，可以制定合理有竞争力的定价。

（5）分量标准　按照标准菜谱规定的各项用料进行加工制作，可以保证成品的分量标准化。

（6）方便成本控制　成本控制人员可以依据标准菜谱随时对菜品的成本进行监测。通过销售菜品份数与标准用料计算出已用料情况，扣除损耗部分，即可估测出库存原料的情况，有利于安排生产及成本控制。

3. 标准菜谱的内容

标准菜谱的内容如表4-2和表4-3所示。

表4-2　标准菜谱样本（一）

菜肴名称：西柠煎软鸡					编号：	
份量：1					日期：	
序号	原料	计量单位	数量	规格	单位成本/元	总计成本/元
1	鸡胸肉	克	500	500克	7	7.00
2	盐	克	2	400克/袋	2	0.01
3	味精	克	2	500克/袋	10	0.04
4	白糖	克	50	500克/袋	9	0.90
5	柠檬汁	克	50	400克/瓶	32	4.00
6	柠檬	克	50	500克	16	1.60
7	油	克	50	5000克/桶	50	0.50
8	淀粉	克	200	25000克/袋	400	3.20
9	鸡蛋	克	100	500克	6	1.20
总计						18.45
制作步骤： 1. 将鸡胸肉切成宽8厘米，长13厘米的薄片。 2. 将鸡胸肉片中加入盐、味精、淀粉腌制。 3. 将鸡胸肉片加鸡蛋、淀粉挂糊。 4. 锅中坐油将挂糊的鸡胸肉片炸熟，备用。 5. 锅中加入水，加入白糖、柠檬汁、柠檬，勾芡，淋在炸好的鸡胸肉上即可。口味酸甜，柠檬香味					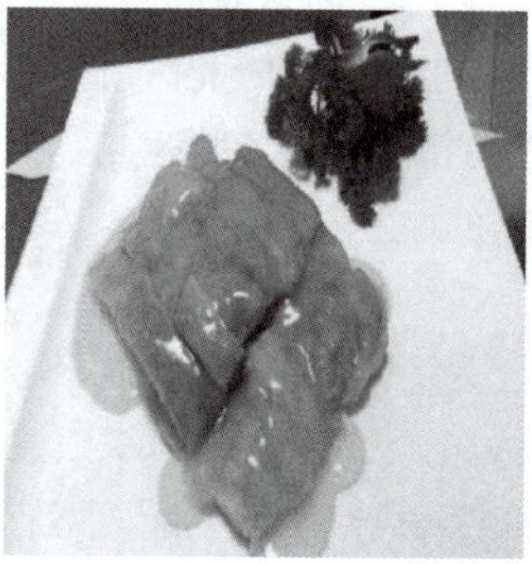	

表4-3　标准菜谱样本（二）

菜肴名称：白玉虾丸 总成本：56%　　原料成本率：35%　　销售价：92元		
原料类型	原料名称	重量/克
主料	新鲜河虾仁	500
配料	熟肥膘	100
	新鲜马蹄	100
	蛋清	100
调料	清油	30
	盐	2.5
	味精	1
	干淀粉	25
	寿司调味碟	25
制作过程： 1. 将虾仁洗净沥水，斩成蓉，肥膘和马蹄也同样斩成蓉。 2. 将虾蓉放入盛器内，放入蛋清、干淀粉、肥膘、马蹄、盐、味精拌匀。 3. 炒锅上火，放入清油，待油温升至两三成热时，挤入虾蓉。待虾蓉熟后捞出，装入10英寸（25.4厘米）的圆盘，带寿司调味碟上桌		
制作要求： 1. 马蹄可斩粗一些，肥膘和马蹄要最后放入，油温不可太高，否则虾丸表面易结壳。 2. 菜肴要做到色泽洁白，光润饱满，大小均匀，形似核桃，质地脆嫩		

从标准菜谱样本（一）中可以看到，这道菜的主料鸡胸肉需要使用500克，之前采购鸡胸肉时的成本为7元/500克，所以，这道菜中鸡胸肉的总计成本为7元。同样道理，需要使用的鸡蛋之前采购时的成本为6元/500克，这道菜中需要使用100克，鸡蛋在“西柠煎软鸡”菜肴中的总计成本为6/500×100=1.2元。利用同样的方法，将第1项至第9项原料的总计成本分别计算后的结果填写在对应项目中，然后汇总求和，即得到该菜肴的总成本为18.45元。在酒店的专业术语中将其称为“标准成本”或“预期成本”。

（二）标准成本

1. 标准成本的定义

标准成本（Potentional Cost）是根据标准菜谱中各种原料的用量及采购成本测算出的菜品的预期成本。如果加工间操作人员都能严格按照标准菜谱中列明的原料种类及用量采用规定的加工步骤进行操作，理论上菜品加工完成后所需投入的成本即为标准成本。

2. 标准成本的作用

为了有效地对酒店加工间成本进行控制，必须制定出每道菜肴的标准成本，防止厨师盲目投料，避免原料的损失浪费，控制原料成本，又可保证菜品质量及稳定性。比如，酒店确定了表4-4所示“清炒西蓝花”的标准菜谱，只要有宾客点了清炒西蓝花，不管是A厨师加工还是B厨师加工，都需要按照标准菜谱中规定的600克西蓝花及其他原料进行烹饪。这样酒店对每道菜品投入的成本就可以进行有效地控制。同时，只要标准菜谱没有改变，厨师严格按照标准菜谱加工制作，就能够确保酒店的菜品的稳定。这样，宾客不管什么时间来就餐，对于同一道菜品的味道、口感、分量等体验将会基本一致，从而保证宾客良好就餐体验的相对稳定。

同时，标准成本有利于计算菜品的价格。原料成本是定价的基础，标准菜谱制定了每份菜品的原料标准成本，酒店可以以此为基本计算各种菜品的价格。标准菜谱上的主要原料成本价格若发生明显变化，需要调整其原料单位成本栏的金额，以使酒店定价决策保持合理性。

（三）标准成本的确定

每份菜肴的标准成本是指生产每份菜肴所耗费的原料成本。厨房管理人员可根据不同的菜肴，采用以下方法确定每份菜肴的标准成本。

1. 公式计算法

每份菜肴标准成本=原料的单位成本/单位原料可制作菜肴的份数

不少厨房购买由供货单位加工切配好的原料，其中包括主料、辅料和调料，这类原料的包装上通常注明装有菜量的份数，厨房管理人员只需用单位成本除以份数，即可得出每份菜肴的标准成本。

2. 投料成本卡

厨房管理人员也可根据标准菜谱确定各种菜肴的每份标准成本。用标准菜谱确定各种菜肴的总生产成本，然后再用标准菜谱的总生产成本除以加工菜肴的份数，就可得出每份菜肴的标准成本。

三、理论知识考核

1.【填空题】请根据表4-4的“清炒西蓝花”的标准菜谱计算填写需要投入的每种原料的成本金额。

2.【计算题】请计算出“清炒西蓝花”的标准成本。

3.【问答题】请思考酒店如果准备在餐厅出售这道菜，售价至少应为多少？在定价时需要考虑哪些因素？

表4-4　清炒西蓝花菜谱

菜肴名称：清炒西蓝花					编号：	
份量：1					日期：	
序号	原料	计量单位	数量	规格	单位成本/元	总计成本/元
1	西蓝花	克	600	500克/个	5	
2	盐	克	2	400克/袋	2	

续表

序号	原料	计量单位	数量	规格	单位成本/元	总计成本/元
3	味精	克	2	500克/袋	10	
4	白糖	克	1	250克/袋	5	
5	淀粉	克	3	25000克/袋	400	
6	油	克	30	5000克/桶	50	
总计						

四、技能训练

（一）实训任务单

<table>
<tr><td rowspan="12">任务描述</td><td colspan="6">根据标准菜谱和制作方法烹饪宫保鸡丁。
宫保鸡丁标准菜谱</td></tr>
<tr><td>原料</td><td>计量单位</td><td>数量</td><td>规格</td><td>单位成本/元</td><td>总计成本/元</td></tr>
<tr><td>鸡腿肉</td><td>克</td><td>400</td><td>1000克</td><td>18</td><td>7.20</td></tr>
<tr><td>大葱</td><td>克</td><td>250</td><td>1000克</td><td>4</td><td>1.00</td></tr>
<tr><td>花生米</td><td>克</td><td>100</td><td>1000克</td><td>14.6</td><td>1.46</td></tr>
<tr><td>白糖</td><td>克</td><td>10</td><td>350克</td><td>3.5</td><td>0.10</td></tr>
<tr><td>料酒</td><td>克</td><td>5</td><td>500克</td><td>7</td><td>0.07</td></tr>
<tr><td>蒜子</td><td>克</td><td>20</td><td>1000克</td><td>7.6</td><td>0.15</td></tr>
<tr><td>色拉油</td><td>克</td><td>50</td><td>1000克</td><td>36</td><td>1.80</td></tr>
<tr><td>花椒</td><td>克</td><td>3</td><td>500克</td><td>40</td><td>0.24</td></tr>
<tr><td>干辣椒</td><td>克</td><td>5</td><td>500克</td><td>11</td><td>0.11</td></tr>
<tr><td></td><td></td><td></td><td></td><td>合计</td><td>12.13</td></tr>
<tr><td>实训目的</td><td colspan="6">核算宫保鸡丁的实际成本，并与标准成本对比</td></tr>
<tr><td rowspan="2">任务分析</td><td>重点</td><td colspan="5">制作宫保鸡丁</td></tr>
<tr><td>难点</td><td colspan="5">实际成本核算</td></tr>
<tr><td>任务时长</td><td colspan="6">1小时</td></tr>
</table>

（二）实训准备

所需设备及工具		所需原料及用量	
设备及工具	用量/个	原料	用量/克
秤	1	鸡腿肉	400
锅	1	大葱	250
刀	1	花生米	100

续表

所需设备及工具		所需原料及用量	
砧板	1	白糖	10
菜碟	若干	料酒	5
碗	1	蒜子	20
手套	2	色拉油	50
笔	1	花椒	3
纸	若干	干辣椒	5
		淀粉	15

（三）操作步骤

子任务	操作步骤
鸡腿肉净料率的核算	1. 买回来的鸡腿肉过秤，称重得出量
	2. 解冻鸡腿肉，拿刀尖沿着鸡骨头划开
	3. 将鸡腿肉里的骨头去掉
	4. 去掉外皮和筋膜、小骨头
	5. 切块，称重得出鸡丁（净料）的重量
	6. 计算鸡腿肉净料率 净料率=净料重量÷毛重×100%
烹饪宫保鸡丁	1. 将鸡腿肉切丁，切完将肉洗一洗，放一点点蛋清、白糖、料酒，用手抓匀
	2. 放一点淀粉，用手抓匀，加一点花生油（以防鸡丁滑油时脱浆）
	3. 放冰箱冷冻一小会（以上两个步骤称为腌制或上浆，可给肉去腥、上味，适用于各种肉类）
	4. 热锅冷油鸡丁入锅，进行滑油
	5. 炒一会断生就立马倒出，倒色拉油入锅，先放入花椒，（一定小火）出香味后放入葱段炒出香味
	6. 再放入辣椒段、蒜末，煸炒一会
	7. 放入鸡丁翻炒
	8. 放入提前做好的碗芡和匀倒入，迅速翻炒，加入花生米，出锅
核算实际成本并检测标准菜谱	计算宫保鸡丁实际成本，并与标准菜谱核对

（四）操作要点说明

1. 秤要放在水平台面。
2. 剔除鸡腿骨头时注意不要切到手。

（五）实训过程记录

1. 技能练习

项目	内容
工作准备	
制作过程	
制作结束	

2. 问题讨论

（1）实际成本和标准成本是否一致?

（2）实际成本和标准成本如果不一致，差在什么地方?

五、课后拓展任务

管理者加强对食品生产加工成本的控制，可以有效提高酒店餐饮部经营管理的水平，增加酒店利润；同时又能生产出符合标准、规格的食品供顾客享用，会提高顾客的满意度，为酒店带来无形利润。总之，食品的生产加工成本控制对酒店餐饮部有着重要意义，管理者需要在经营管理中不断探索创新，全方位地对其进行控制，不要忽视每一个细微之处，"不以利小而不为"，采用防微杜渐的经营理念也是获得高额利润的一个制高点。降低食品成本需要制定一系列的策略。如果你是管理者，想一想，有什么策略可以降低餐饮成本?

任务4 酒店客房费用管理

一、任务导入

酒店客房费用是指酒店运营中与客房相关的各种成本和费用。这些费用包括酒店提供客房服务所需的各种支出。客房费用管理是酒店管理中的关键领域，旨在管理和控制与客房运营相关的各种成本和费用，以确保酒店的正常运营和盈利能力。

思考：酒店的客房费用都包含哪几类?

酒店客房费用管理

二、理论知识

（一）酒店客房费用的分类

（1）员工薪酬福利费用　这是酒店客房运营中最大的成本之一，包括客房服务员、公共区域清洁人员、维护工人及客房文员等员工的工资和福利等费用。这些员工负责接待客人、维护客房、提供客户服务等任务。

（2）清洁和维护费用　包括客房的清洁、维护和维修成本。酒店需要确保客房保持干净、设施正常运作，这些需要进行日常清洁、维护和维修工作。

（3）水电费用　酒店客房需要提供水、电和空调等服务。这些服务的费用包括供水、供电、空调运行和设备维护。

（4）低值易耗品费用　包括客房里必须配备的纸巾、一次性消耗品、迷你吧（小冰箱）等费用。

（5）设施维护费用　酒店的客房通常包括家具、电器、布草、床上用品等设施，它们需要定期维护和更换。这些费用也归属于客房费用。

（二）酒店客房费用管理的目标

（1）成本控制　主要目标之一是降低不必要的成本，包括控制人工成本、减少浪费、提高效率等。

（2）盈利最大化　通过合理管理费用，提高酒店的盈利能力，增加净利润。

（3）服务质量维护　在成本控制的同时，确保客户体验和服务质量不受影响，以满足客户期望。

（4）竞争力提升　通过合理的价格策略和成本管理，提高酒店的竞争力，吸引更多客户。

（三）酒店客房费用管理

客房用品的管理通常指的是客房部的库房管理，但激烈的市场竞争，导致了服务产品之间的削价竞争，从而使酒店利润急剧下降。因此，控制经营成本，开源节流，越来越多地受到管理者的重视。客房用品管理在组织上的业务范围也更为扩大和系统化。为了便于管理，客房的基本设备用品可分为两大类：一类是设备部分，属于酒店的固定资产，如机器设备、家具设备等；另一类是用品部分，属于酒店的低值易耗物料用品，如玻璃器皿、各种针棉织品、清洁用品、一次性消耗品等。这些设备用品的质量和配备的合理程度、装饰布置和管理的好坏，是客房商品质量的重要体现，是制定房价的重要依据。

1. 酒店客房设备管理方法

酒店客房设备管理是确保客房设施和设备保持良好状态、满足客户需求的关键方面。以下是一些酒店客房设备管理的方法。

（1）定期维护计划　制定定期的维护计划，检查和保养客房内的设施和设备，包括电视、电话、空调、热水器、浴缸、淋浴、吹风机等。确保设备处于良好状态，以减少突发故障。

（2）清洁和卫生　定期清洁客房设备，包括清洁家具、床上用品、地毯和窗户。保持客房的清洁和卫生有助于提供愉快的住宿体验。

（3）设备更新和升级　定期评估客房设备的状况，确保设备处于最佳状态。根据需要进行设备更新和升级，以满足客户的期望。

（4）员工培训　培训客房清洁和维护人员，使他们了解如何正确操作和维护各种设备。员工应知道如何应对常见问题和突发故障。

（5）设备清单和记录　编制客房设备清单，并记录每个设备的维护历史。这有助于跟踪设备的使用情况和维修历史。

（6）紧急维修计划　制定紧急维修计划，以应对设备故障或紧急情况。确保有备用设备可用，并培训员工如何处理紧急情况。

（7）客户反馈　鼓励客户提供反馈，特别是关于客房设备的问题。及时解决客户的投诉和问题，以提高客户满意度。

（8）节能措施　实施节能措施，如发光二极管（LED）照明、智能温控系统和高效能源设备，以减少能源消耗和降低成本。

（9）可持续性　考虑可持续性因素，如水和能源的节约，以减少环境影响并降低成本。可持续性措施也可以提高酒店的社会责任形象。

（10）供应商关系　与设备供应商建立良好的合作关系，以确保及时获得零件和维修服务。寻找具有良好声誉和可靠性的供应商。

（11）设备安全　确保客房设备符合安全标准，并进行定期检查，以减少意外事故。

2. 酒店客房低值易耗品管理方法

酒店客房低值易耗品管理是确保客房设施和服务品质的重要一环。低值易耗品通常是指相对低价值但在客户满意度和客房舒适度方面起到重要作用的物品。以下是一些酒店客房低值易耗品管理的办法。

（1）库存管理　建立低值易耗品的库存管理系统，确保有足够的存货，以满足客房的日常需求，但也要避免过多的库存，以减少资金占用和浪费。

（2）采购流程　设立采购流程，包括选择合适的供应商、价格谈判、订单生成和交货跟踪。确保供应商能够及时供应所需的低值易耗品。

（3）定期盘点　进行定期的低值易耗品盘点，以核实库存与记录的一致性。这有助于防止盗窃和浪费。

（4）存放和分发　为低值易耗品设立存放区域，并确保易耗品在需要时容易获得。在客房清洁和维护人员的工作区域内提供所需的物品，以便快速补充和使用。

（5）消耗控制　训练员工正确使用低值易耗品，以避免浪费。使用分发记录来追踪低值易耗品的使用情况，识别任何异常消耗。

（6）质量控制　确保所采购的低值易耗品的质量符合酒店的标准和客户的期望。检查交付的货物，以确保没有损坏或瑕疵。

（7）采购合同　与供应商签订明确的采购合同，包括交货时间、价格、退货政策和服务标准。合同应明确双方的责任和权利。

（8）成本控制　寻找节约成本的方式，如采购具有良好性价比的产品、优化库存水平、与多个供应商合作以获取竞争价格等。

（9）可持续性　考虑可持续性因素，如回收和再利用低值易耗品包装材料、减少塑料使用等，以降低环境影响。

（10）客户满意度　确保低值易耗品的品质和供应不会影响客户满意度。客户应始终能够获得所需的物品。

（11）报告和记录　记录低值易耗品的采购、使用和库存情况。定期生成报告，以便监控和分析消耗情况，并制定改进措施。

三、理论知识考核

1.【单选题】在酒店客房费用中，（　　）通常占据最大的成本比例。

A. 员工薪酬福利　B. 清洁和维护费用　C. 水电费用　D. 营销费用

2.【单选题】酒店客房费用管理的目标之一是（　　）。

A. 提高客房出租率　B. 降低客房价格　C. 增加员工工资　D. 增加清洁费用

3.【单选题】在酒店客房费用管理中，能源管理的目标是（　　）。

A. 增加客房价格　B. 减少能源消耗和费用

C. 增加清洁费用　D. 增加客房数量

四、技能训练

（一）实训任务单

<table>
<tr><td rowspan="5">任务描述</td><td colspan="2">酒店客房费用管理。</td></tr>
<tr><td colspan="2"><table><tr><td>月份</td><td>1月</td><td>2月</td><td>3月</td></tr><tr><td>清洁和维护费用/元</td><td>8000.00</td><td>8200.00</td><td>8500.00</td></tr><tr><td>能源（水电气）费用/元</td><td>4500.00</td><td>4700.00</td><td>4900.00</td></tr><tr><td>人工成本/元</td><td>15,000.00</td><td>16,000.00</td><td>17,000.00</td></tr></table></td></tr>
<tr><td>实训目的</td><td colspan="2">分析酒店客房费用</td></tr>
<tr><td rowspan="2">任务分析</td><td>重点</td><td>成本分析</td></tr>
<tr><td>难点</td><td>费用预测</td></tr>
<tr><td>任务时长</td><td colspan="2">1小时</td></tr>
</table>

（二）实训准备

1. 酒店客房费用管理的理论知识和原则。
2. 准备好计算器、纸张和笔。

（三）操作步骤

1. 成本计算：使用示例数据，计算每个月的客房成本总额。
2. 成本分析：学生利用Excel等软件绘制成本趋势线形图，并分析客房成本的变化。

比较不同月份的成本，识别哪些月份的成本上升了，是否存在季节性或趋势性影响。

3. 成本控制建议：学生提出一些建议，以降低客房成本。这可能包括控制人工成本、优化清洁和维护流程、采取节能措施等。

（四）操作要点说明

1. 确保正确理解每项费用的含义。
2. 使用计算器、电脑软件等相关工具进行准确计算。
3. 小组内成员之间可以相互讨论，共同解决问题。

（五）实训过程记录

1. 技能练习

（1）学生根据提供的酒店经营数据，计算每月的客房成本并进行趋势分析。

（2）每位学生独立完成任务，并记录所用时间。

客房成本计算结果	图表展示
备注：	备注：

2. 问题讨论

通过观察，该酒店客房成本、费用有哪些可实施的控制措施？

五、课后拓展任务

请同学们以小组为单位，调研一家本地星级酒店近一年的客房费用成本支出，分析客房成本的构成和所占比例。在淡旺季明显的旅游城市，该酒店是如何控制客房成本支出的？你们还有其他更好的建议吗？请提交一份报告。

任务5 酒店其他费用管理

一、任务导入

除了酒店餐饮成本和客房费用，酒店的其他费用支出也应引起重视。这些费用涵盖了酒店运营的多个方面，包括人工成本、能源费用、差旅费用、市场营销费用、设备维护费用等。

思考：酒店除了餐饮成本、客房费用，还会发生哪些其他费用？

二、理论知识

酒店其他费用管理

（一）人工成本

酒店人工成本是指酒店为雇佣员工支付的工资和相关福利的费用。这是酒店经营中的一项重要开支，因为员工在提供服务、维护设施和确保客户满意度方面发挥着关键作用。

1. 工资

酒店支付给员工的工资是人工成本的主要组成部分，包括前台员工、客房服务人员、餐厅工作人员、行政部门人员和酒店管理人员的工资。

2. 奖金和津贴

除基本工资外，酒店员工可能会获得奖金、津贴、加班费等额外的薪酬。这些额外的支付通常与特定工作任务或时间相关。

3. 社会福利和保险

酒店通常为员工提供社会福利，包括医疗保险、生育保险、失业保险、养老保险和工伤保险。这些额外的福利也是人工成本的一部分。

4. 培训和发展

酒店需要定期培训员工，以确保他们具备必要的技能和知识。培训和发展计划的成本也包括在人工成本中。

5. 劳动力管理

与员工相关的劳动力管理费用，包括雇佣、解雇、招聘、员工关系管理等，也是人工成本的一部分。

6. 员工福利

酒店可能提供员工福利，如员工餐饮、住宿津贴、交通津贴等。这些福利也要计入人工成本。

（二）能源费用

酒店能源费用是指酒店为提供服务和运行设施而支付的能源相关费用。这些能源费用包括电费、水费、天然气费用、燃油费用等，用于维持酒店的正常运作。以下是有关酒店能源费用的一些重要信息。

1. 电费

酒店使用电力来照明客房、公共区域、电梯、暖通空调系统等。电力费用通常是能源成本中的重要部分。

2. 水费

酒店需要大量的水来供应客房、餐厅、洗浴设施和清洁服务。因此，水务费用也是酒店能源成本的一部分。

3. 天然气费用

天然气通常用于供暖、热水、厨房用具和暖通空调系统。天然气费用在寒冷季节可能会显著增加。

4. 燃油费用

一些酒店可能使用燃油发电机来备用电力供应或供暖。燃油费用在需要时会发生。

三、理论知识考核

1.【单选题】酒店的人工费用主要包括（　　）。

A. 电力和照明费用　　B. 工资和薪水

C. 广告和促销费用　　D. 软件和技术支出

2.【单选题】（　　）通常用于酒店的供暖和热水系统。

A. 电力　　B. 天然气

C. 水务　　D. 太阳能

3.【单选题】市场营销费用主要用于（　　）。

A. 提高员工满意度　　B. 吸引新客户和提高知名度

C. 购买新设备和技术　　D. 保险费用

4.【单选题】软件费用在酒店中的作用是（　　）。

A. 提高员工薪水　　B. 增加客户满意度

C. 自动化管理任务和提高效率　　D. 降低能源成本

四、技能训练

（一）实训任务单

任务描述	走访五星级酒店，寻找酒店节能减排的措施	
实训目的	了解节能的重要性	
任务分析	重点	找出节能减排的有力措施，并与部门员工有效沟通
	难点	发现节能措施
任务时长	4小时	

（二）实训准备

小组成员调研前讨论调研计划，分工安排每人职责。

（三）操作步骤

1. 每组列出前往酒店参观路线，以及将进行调研的部门。
2. 前往该部门调研，与负责人或员工座谈，调研需要的数据。
3. 参观整个酒店，寻找更多可实施的节能减排方案。
4. 整理数据文件，分小组汇报。

（四）操作要点说明

1. 调研目标要明确。
2. 提出的节能减排方案要合情合理。

（五）实训过程记录

1. 技能练习

根据实地调研填写下表。

酒店节能减排措施调研表					
部门	水	电	天然气/燃油	其他能源	备注
前厅部					
客房部					
餐饮部					
工程部					

2. 问题讨论

（1）通过你们的观察，该酒店还有哪些可实施的节能减排措施？

（2）若实施这些措施，是否需要投入更多成本？

五、课后拓展任务

1. 选择一个具体的酒店案例（可以是一个已知的酒店品牌或当地的知名酒店），并收集相关数据或资料，包括但不限于以下内容：

（1）酒店的其他费用支出项目及金额。

（2）每个费用项目的详细说明或用途。

2. 分析酒店的其他费用支出结构，重点关注各项费用的比例和变化趋势。思考以下问题：

（1）哪些费用项目占据了较大的比例？是否存在可以优化的空间？

（2）费用支出的变化趋势是否与酒店经营状况或市场环境有关？

项目五

酒店收入审计

项目描述

本项目旨在探讨酒店收入审计的各项工作，通过简明的解释，帮助使用者理解酒店收入审计的多样性。我们还将详细讨论不同类别的收银结账方式，如现金、支票、信用卡和电子支付，以及如何确保支付过程的准确性和安全性。另外将重点介绍收入审计方法与审计内容。内容包括建立和运用内部控制、收集和整理财务数据，以及规划和执行审计流程。此外，我们还将讨论如何识别潜在的收入风险和漏洞，并制定应对策略，以确保酒店收入的真实性和合规性。

学习目标

❶ 知识目标

（1）识别酒店多元化的收入来源，如房间预订、餐饮服务、会议活动等，理解不同类型的收入对酒店财务的影响。

（2）掌握不同的收银方式，包括现金、信用卡和电子支付，了解收银流程、风险管理和支付安全。

（3）熟悉酒店收入审计的流程，掌握建立内部控制、财务数据采集整理以及审计策略的方法。

❷ 能力目标

（1）通过案例分析和模拟实践，培养将理论应用于实际情境的能力，例如进行酒店收入核对和审计流程规划。

（2）能够识别潜在的收入风险与漏洞，制定相应的风险应对策略，培养解决问题和做出决策的能力。

❸ 思政目标

（1）强化对酒店行业社会责任的认识，培养学生对于酒店经营对社会、环境和文化的影响的敏感性，引导他们思考如何在经营中实现可持续发展。

（2）培养学生的诚信意识和责任感，使他们在处理酒店收入数据和信息时能够秉持职业道德，增强审计过程的透明度和可信度。

（3）增强学生对财务管理对酒店经营的重要性的认识，引导他们思考如何通过审计流程来促进酒店财务风险管理，为行业健康发展做出积极贡献。

任务1　酒店收入类型

一、任务导入

每当提到酒店收入，第一时间映入脑海的就是酒店的客房收入。对于酒店各项收入而言，客房收入一直是酒店收入中占比最高的部分。但是除酒店客房收入外，酒店还有很多其他的收入。因此，清晰了解酒店各项收入的来源至关重要。

思考：酒店的收入可分为哪些类型?

酒店收入概述

二、理论知识

（一）客房收入

客房收入主要是指向客人提供基础住宿服务时收取的房价。客房收入具有收入高、成本低、创利多等特点。一般来说，客人在办理入住的时候或者是在预订客房的时候提前支付的货币资金不完全代表着客房收入。有些时候，客人预定时候支付的房费中还包含着第二天的早餐餐费。因此从细分收入的角度出发，要将每一笔入账根据提供的服务类型和提供服务的部门单位划分成不同类型的收入。

（二）餐饮收入

餐饮收入指的是向客人提供餐饮、酒水等收到的资金流入。餐饮收入不仅包含酒店自营餐饮为客人提供的收入，还包含送餐服务、迷你吧、从房费里拆分的早餐收入等。

（三）其他收入

对于度假型酒店或者度假村，不仅为顾客提供单一的住宿服务或者餐饮服务，而且为顾客提供游乐服务、康体服务等，例如KTV、水疗（SPA）、儿童游乐场、配套综合游乐场、高尔夫球场、零售、参观游览服务等。这些服务对应产生的各类收入也是酒店收入的来源之一。

1. 酒店特色服务收入

探讨酒店特色服务所带来的收入，例如水疗中心、高级健身房等特色娱乐项目。这些服务往往为酒店增加额外的收入来源，同时也需要进行相应的审计和管理。

2. 会员和套餐收入

分析酒店会员计划和套餐销售，解释如何通过各种会员和套餐方案吸引客户并提升酒店收入。同时探讨如何审计这些收入来源，确保计费的准确性。

3. 推广和合作收入

酒店与其他企业的合作，如旅行社、会议组织等，带来的推广和合作收入。

4. 酒店物业租赁

酒店内部商业租赁，如商店、餐厅、会议场地的租赁产生的收入，以及如何管理这些租赁收入和审计租赁合同。

5. 活动和娱乐收入

酒店主办的各类活动、娱乐节目以及会议和婚礼等活动带来的收入。

三、理论知识考核

1.【判断题】酒店收入只包含房费收入和餐饮收入。（ ）

2.【简答题】解释客房收入的主要特点，并分析其对酒店经营的影响。

3.【简答题】对酒店收入进行细分的目的是什么？请列举至少两种不同类型的客房收入并加以解释。

四、技能训练

（一）实训任务单

任务描述	走访五星级酒店，分析该酒店的收入来源	
实训目的	了解酒店收入的不同市场细分	
任务分析	重点	理解不同类型的收入来源的特点
	难点	掌握分析收入的分类方法
任务时长	4小时	

（二）实训准备

1. 实例案例：准备真实的酒店案例，涵盖不同类型收入的管理和审计实践。
2. 计算工具：提供Excel或其他计算工具，用于进行收入的分类、统计和分析。

（三）操作步骤

1. 案例分析：学员分组进行案例分析，结合实际案例，探讨不同类型收入的管理策略和应对措施。

2. 计算实践：学员使用计算工具，对提供的实际数据进行收入分类、统计和分析，以加深理解和掌握实际操作技能。

（四）操作要点说明

1. 理解不同类型收入的特点和来源，把握收入管理的基本原理。
2. 掌握收入的分类方法和管理技巧，能够灵活运用于实际操作中。
3. 培养分析和解决问题的能力，能够独立思考并提出有效的解决方案。

（五）实训过程记录

1. 技能练习

项目	内容
选择酒店案例进行收入管理深入分析，收集相关资料和数据	
分析收入来源、特点和管理策略	
讨论案例中可能面临的问题和挑战	
总结分析结果，提出管理建议	

2. 问题讨论

（1）通过你们的观察，该酒店的主要收入来源有哪些？

（2）试分析若想要增加酒店的收入，可以从哪几个方面着手？

五、课后拓展任务

选择一个实际的酒店案例，对其收入管理进行深入分析，并撰写一份综合性报告，包括以下内容：

1. 案例介绍：简要介绍所选酒店的背景信息，包括位置、规模、服务特色等。

2. 收入来源分析：分析该酒店的主要收入来源，包括房费收入、餐饮收入和其他收入，并描述其特点和贡献比例。

3. 收入管理实践：详细描述该酒店的收入管理实践，包括收入分类、统计和分析的方法、工具和流程。

4. 问题与挑战：分析该酒店在收入管理方面可能面临的问题与挑战，如收入波动、成本控制、竞争压力等，并提出相应建议。

5. 管理经验总结：总结该酒店在收入管理方面的成功经验和教训，分享值得借鉴的管理经验和技巧。

任务2 酒店收银

一、任务导入

酒店收银的方式多种多样，每位客人都会选择不尽相同的结账方式或付款方式，因此了解酒店收银结账的方式，熟悉酒店收款的操作流程是本任务的核心内容。

思考：酒店的收银方式可分为哪几类？

酒店前厅收银

二、理论知识

（一）现金

酒店在进行现金交易时，收银员承担着重要的责任。收银员需要确保接收的现金是真实的，并且符合银行的标准。因此，他们必须仔细辨别现金的真伪，并核对账单上的应收金额。同时，在进行交易时，应在台面和客人面前进行清点，并在账单上清晰地注明实收现金的金额和币种，然后将现金放入收银柜中。为了确保资金的安全，收银员在离开收银柜时必须将其上锁。在餐饮收银过程中，收银员还需确保服务员将收到的金额和付款方式填写在账单上。他们需要仔细核对从服务员处转交来的钱款，进行找零，并将账单中的客户联交给客人。这些严格的程序和流程确保了现金交易的准确性和安全性，从而为酒店和顾客提供了可靠的服务。

（二）支票

支票是以银行为付款人的即期汇票，可以看作汇票的特例。支票出票人签发的支票金额，不得超出其在付款人处的存款金额。如果存款低于支票金额，银行将拒付给持票人。这种支票称为空头支票，出票人要负法律上的责任。

1. 支票结算流程

如果客人以支票形式结账，收银员应按照标准流程进行处理。同时，在周末或节假日一般不宜收取支票，因为此时银行休息，无法核实鉴别支票的真伪与偿付能力，发生空头的风险增加。

查验支票时重点查验的内容如下。

（1）辨别支票真伪　检查支票账户、开户行、印鉴是否清晰、完整。

（2）检查支票是否过期　支票的有效期是10天。应着重检查发票的开具日期。

（3）检查是否为限额支票　支票在签发时已规定了金额的多少称为限额支票，若超过限额则该支票无效。若客人消费超过了支票限额，超额部分应用其他方式进行支付。

（4）检查支票是否清洁未折　收取支票的时候，应注意支票不可折损，注意保持支票的清洁。银行对于有折损或不清洁的支票将拒绝入账。

2. 填写支票的注意事项

（1）填写支票　填写支票时只能使用黑色签字笔；一经填写不得涂改，小写金额写上人民币符号，大写金额必须顶格书写。

（2）出票日期　出票日期必须使用中文大写。若使用小写，银行将不予受理。在填写月、日时，月为壹、贰和壹拾的，日为壹至玖和壹拾、贰拾、叁拾，应在其前加“零”；日为拾壹至拾玖的，应在前面加“壹”。在“收款人”位置填写酒店的名字，必须填写全称。

（3）填写大小写　根据账单金额总计，填写支票上的大小写金额栏；大写金额经涂改的支票是无效支票，收银员绝对不能接收；支票上大写金额不应当写零，而多写零的支票，尽可能不要收受。金额位数连续有几个零时，应只写一个零字。比如50005元，应写成“伍万零五元整”，而不能写成“伍万零零伍元整”。同时，支票上大写金额写“廿”绝对不能接收。20元的正确写法是“贰拾元”，如果写成“廿”，银行会以退票方式处理。

（4）填写用途栏　用途栏需按实际用途填写，比如“餐费”“房费”等。

（5）收银签字　收银员需在支票“经手人”位置填写自己的名字。

3. 支票防欺诈

为预防支票欺诈等潜在风险，酒店收银员在处理支票支付时必须采取适当的措施。这些措施包括记录客人有效证件的相关信息，如姓名、工作单位、地址以及电话等。通过抄录这些信息，收银员可以建立客人的身份和联系方式，有助于确保交易的安全性和合法性。特别是在处理空头支票等问题时，这些信息记录可以为酒店提供重要的证据和保障，同时减少不法分子的欺诈行为。因此，收银员应始终谨慎地执行这一步骤，以维护酒店的财务安全和信誉。

（三）信用卡

信用卡（Credit Card），又称贷记卡，是一种非现金交易付款的方式，由银行或信用卡公司依照用户的信用度与财力发给持卡人，持卡人持信用卡消费时无须支付现金，待账单日时再进行还款。信用卡按发卡组织，可分为国内卡和国际卡，其中国内卡包括中国银行长城卡、工商银行牡丹卡、农业银行金穗卡、建设银行龙卡、交通银行太平洋卡等。国际卡包括维萨卡、运通卡、大莱卡、万事达卡和日通卡等。

预授权交易是指信用卡持卡人在宾馆、酒店或出租公司消费，消费与结算不在同一时间完成，特约单位通过销售点情报管理系统（Point of Sales，简称POS）预先向发卡机构索要授权的行为。预授权类业务指特约商户向发卡机构取得持卡人30天内在不超过预授权金额一定比例范围的付款承诺，并在持卡人获取商品或接受服务后由发卡机构进行承兑的业务。通俗讲就是先冻结银行卡内部分资金用作押金，然后按实际消费金额结算的业务。

1. 预授权交易

具体是指持卡人在商户消费时，商户收银员根据持卡人需求，按预先估计的消费金额，向发卡机构申请授权，发卡机构根据客户账户情况给出应答，对批准的申请将暂时冻结持卡人银行卡内的信用额度（信用卡）或存款金额（借记卡）作为押金，一般而言，冻结金额不能超过预授权交易金额的115%。待持卡人消费正式完成后，商户按实际消费金额，向发卡机构请求正式进行清算。预授权业务普遍运用于酒店刷卡消费，通常有离线和在线预授权两种方式。该业务由于采用POS机受理，由发卡系统自动进行验证和授权，因此具有方便、安全、高效等特点。预授权类交易分为POS预授权、POS预授权追加、POS预授权完成、POS预授权撤销、POS预授权完成撤销这几种交易。

预授权交易用于受理方向发卡方对待持卡人的交易许可。受理方将预估的消费金置入交易应答中发送给发卡方。金额作为预授权金额，发送给持卡人（该卡）的发卡方。发卡方批准后将授权号等信息置入交易应答中发送给受理方。

预授权交易只是控制持卡人的可用额度，预授权完成才真正完成资金的结算。一个被批准的预授权交易，仅在有限时间内有效。无论是信用卡还是借记卡，都可进行预授权业务。但信用卡需要有足够的透支金额，借记卡需要有足够的账户余额。预授权完成交易成功，收银员应打印交易凭证，并交由持卡人签字。由收银员核对、确认持卡人签名与卡片背面签名一致后，将预授权完成凭证的客户回单联和原预授权凭证交持卡人。

2. 预授权交易注意事项

（1）支持刷卡及手输卡号。

（2）签购单应妥善保管。

（3）不允许对“预授权撤销”进行取消。

（4）在预授权交易（含追加）后30日内撤销。

（5）不支持对部分预授权金额的单独撤销。

（6）交易凭证上标有“预授权撤销”字样。

（7）追加预授权的，金额、预授权号及日期应为追加后的。

（8）无须验证持卡人密码。

3. 结算流程

如果客人以信用卡形式结账，收银员应按照图5-1所示流程进行处理。

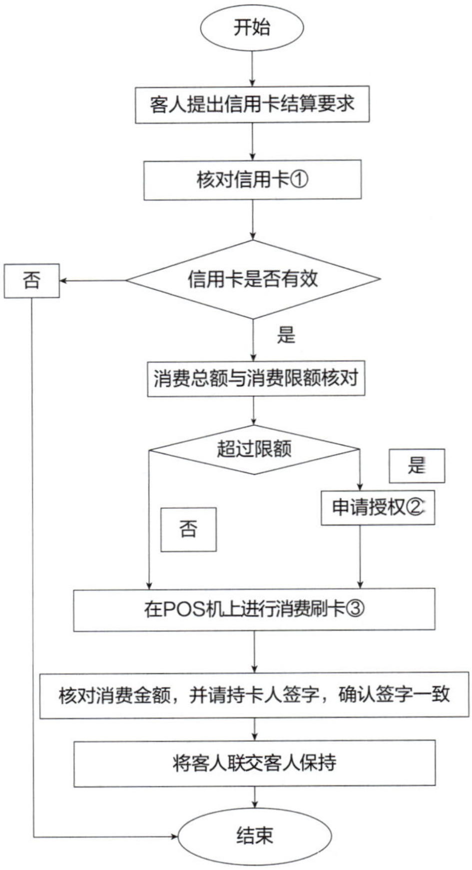

图5-1　信用卡结算流程图

（四）城市挂账

城市挂账指的是与酒店有挂账协议的单位，如公司或其他单位的宾客在酒店消费后，由该单位授权的有效签单人在账单或原始消费凭单上签署，或该单位以传真确认，由财务部应收会计定期向公司或单位结账。

1. 熟悉城市挂账单位

由于酒店同时与多家旅行社、公司或其他单位签有挂账协议，收银员应掌握这些单位的名称及其有效签单人姓名与签名字样。宾客签字结账时要明确该宾客所属单位，是否具有签字挂账消费的授权。

2. 熟悉城市挂账协议范围

旅行社组织的宾客持旅行社签发的付款凭单住店，这类宾客结账时，要检查旅行社付款凭单上旅行社付款的内容。一般只包括房费、早餐，宾客的其他消费则需由宾客自己支付，具体需要核对付款凭单上的付款内容或挂账协议约定的条款。

（五）客房挂账

客房挂账是前台结账处对零散入住的客人按规定收取一定的预收款项或取得客人信用卡

预授权后，为客人开通其房间可转账户。客人在酒店的消费可以暂时先不立即支付，而转计入客人房间对应房账内，客人离店时与房费一同结算。

1. 客房挂账注意事项

（1）查询客人所持房卡是否可转账（挂账）、是否超限额。

（2）查询酒店管理信息系统（PMS）备注栏的资料。

（3）查询房卡的姓名与系统中的姓名是否一致。

（4）查询所转房号是否正确。

（5）请客人在账单上写上房号并签名。

（6）检查客人房卡签名与账单签名是否一致。

（7）营业结束后客房挂账的账单客人联送交前台收银员放入账格，并做签收手续。

（8）客房挂账的账单不能开发票，防止重复开发票，使酒店多缴纳税金。

2. 当账单不可挂房账时的操作

首先，应及时通知楼层客服人员，核验账单上的客人签名与其入住登记单上的签名是否符合；其次，请楼层客服人员查清客人的身份（即核验该客人是否为该房的客人），若最终不能确认客人为酒店住客或超过消费限额，需及时联系客人并采取其他付款方式进行结账。

（六）电子支付

电子支付是指消费者、商家和金融机构之间使用安全电子手段将支付信息通过信息网络安全地传送到银行或相应的处理机构，用来实现货币支付或资金流转的行为。商家通过手机客户端扫描二维码或商家使用电子支付工具扫描用户的付款码，便可实现与商家账户的支付结算。最后，商家根据支付交易信息中的用户联系资料，就可以完成交易。收银员应确认支付成功或扫码成功，核对付款界面，确保收款成功后告知客户交易已完成。

三、理论知识考核

1.【简答题】请解释预授权的概念，并描述预授权的工作流程。

2.【简答题】列举并解释至少三项预授权交易的注意事项。

3.【简答题】简要介绍电子支付的定义及其在商业交易中的应用。

四、技能训练

（一）实训任务单

任务描述	酒店收银信用卡结算流程	
实训目的	掌握酒店收银信用卡结算实操流程	
任务分析	重点	酒店信用卡结算流程
	难点	信用卡预授权操作处理的注意事项
任务时长	2小时	

（二）实训准备

1. 信用卡（离店结账时使用信用卡结账）。
2. POS机。

（三）操作步骤

1. 当客人来办理离店结账时，首先要询问清楚客人是否退房。

2. 若是退房，则要问清楚客人的房号。请客人交回房间钥匙或门卡。进一步询问客人的结账方式，是否为信用卡结账。

3. 若客人入住时已做预授权，结账时请客人再告示信用卡，与预先的签购单核对，并查有效期，若核对无误后可直接使用此签购单。

4. 待客人检查完账单后，请客人在账单上签名确认，账单盖上会计处印章。

5. 若入住时采用了信用卡授权终端，按《操作手册》规定，在哪部机器做的预授权，结账时就要使用原机器进行结算。

（四）操作要点说明

1. 应注意询问客人使用卡是否为信用卡。
2. 注意该信用卡是否已做预授权。
3. 应再三核对客户签名与信用卡背面签字是否相符。

（五）实训过程记录

1. 技能练习

项目	内容
操作准备	
信用卡结算操作过程	
操作结束	

2. 问题讨论

为什么要多次核对客人姓名及签字？

五、课后拓展任务

当客人在酒店前台选择使用外币现金进行结算时，作为酒店前台收银，应当按照哪些程序为客人办理外币现金结算业务？

任务3 酒店收入审计

一、任务导入

对酒店收入进行审计，是提高酒店会计核算质量，保证酒店收入的安全完整、防范货币资金流失的重要保证。收入审计工作需每天检查在前台、餐厅记录的客账交易是否与酒店管理系统中的交易一致，进一步确保酒店账务工作的准确性、完整性和可靠性。

思考：如何确保酒店各项收入的准确性及完整性?

二、理论知识

酒店收入内部控制

（一）酒店收入审计的内容

（1）按照酒店规定审核各种收入项目单据、凭证。

（2）审核酒店每日餐饮、客房、杂项等收入的正确性。

（3）检查所有的减免及补贴确保其有正当的授权。

（4）核实收入账单是否与收入报表一致。

（5）核实发票是否与实际使用相一致。

（6）审核所有销售凭证是否按顺序连号使用。

（7）审核所有折扣都附有正当理由并正确地记录到系统。

（8）抽查现金，进行不定期的现金盘点。

（9）将审核中发现的各种问题及时汇报，并报告任何与酒店政策和程序有所偏差的情况。

（10）制作酒店每日收入报告表。

（二）酒店收银关账

酒店运营部门收银员需要在结束其当班工作后，对其负责的账单等按不同结算方式分类整理核对，并从餐厅收银系统中打印当日相关报表，然后关账。餐厅收银员将其当班所收现金与收银报表核对无误后，在保安部员工的见证下将现金投至“投款箱”内，并在“收银员投款记录表”上登记签字，陪同保安员需在证明人栏签字。

（三）酒店餐饮收入审计

1. 审查餐饮收入报告

酒店餐饮收入报告中包括各餐厅各餐段的用餐人数、人均消费金额及收入总额，以及餐饮收银的各种不同结账方式的收入金额。该报告的作用是为管理者提供酒店餐厅的每日运营状况、就餐人数及人均消费水平等信息，为酒店餐厅进行销售预测及营销计划制定提供依据。

2. 审查餐饮销售报告

从酒店餐饮系统中可以导出餐饮销售报告，该报告可以反映出酒店各餐厅不同餐段的收入情况，可以为管理者提供餐饮销售信息。比如系统可以产生前10道菜品和后10道菜品，财务审计人员需要督促相关人员将这些信息及时传递给餐厨部门。对于销量较高的菜品，厨房应加大菜品所需材料的采购量。相反，对于销量较低的菜品，厨房可以采取增加临时菜单、餐厅推出促销方案等形式将之前为之采购的原材料加以使用，以减少缓慢移动存货的出现。

3. 审查取消单据报告

取消单据报告中包括客人取消账单的时间、人员及客人就餐的台号等信息。审查该报告可以发现酒店餐厅每天由于什么原因导致菜品取消，比如是由于上菜时间太长，客人不愿等待，还是菜品沽清所致等。取消订单，意味着酒店失去了马上就可以获得的收入，所以有必要对该报告进行审查。

（四）酒店前厅收入审计

前厅收银员主要负责帮助客人办理酒店入住及退房、结账等相关业务，审核当日酒店所有住店客人的账单状态，处理客人退房结账及提供酒店客房管理报表。前厅收银员结束收银班次后，需将其负责的住店客人的账单分类整理核对，打印当天相关报表，确保所有房费收入均已收讫。

1. 客人入住

（1）见到客人入住，在前台为客人办理入住手续时询问客人付款方式。

（2）收取客人押金或取得信用卡预授权。

（3）开具押金收据，一联交客人留存。

（4）将剩下两联收据单附在押金或卡纸上用回形针夹好，放置于收银抽屉内保管。

（5）客人如用信用卡，应在收据单上抄下信用卡号，并在卡纸封面边线以外用小字轻写上此卡纸所属房号。

（6）按程序取得授权或核查有效签单人签字预订单。

2. 客人退房

（1）向客人索回押金单，并根据其编号找出对应的收银处留存联，核对无误后，方可进行结算。

（2）取出客人账单，在确认客人无未入账消费的通知后将账单交客人过目。

（3）客人认可消费款项后，请客人在账单上签名，收银员予以结算。

（4）根据报表反映的现金数、信用卡消费数将现金及信用卡结算单封存进信封中，信封封口处签上该收银员姓名，用透明胶粘死。

（五）酒店收入报告

酒店前厅收银员每天需要打印审核以下三种报告。

1. 试算平衡表

试算平衡表（Trial Balance）分为借方、贷方和余额三部分。

（1）借方 反映的是酒店当日有关客房的收益，即酒店应向住客收取的账款，也代表着住客当日欠酒店的钱款金额。

（2）贷方 反映的是当天住客结算清楚的款项。

（3）余额 反映的是截至当日住客累积欠账总数。余额若是正数，说明酒店当日住客尚有钱款需要支付给酒店；余额若是负数，说明酒店当日住客结清的账款大于住客今日在酒店的消费欠账。

审计人员一定要认真核对，保证当日数据正确。发现不符，必须及时查明原因，要求相关部门及人员进行修改更正，否则会影响住客账款结算的正确性。多收款项，会遭到宾客投诉，少收款项，会给酒店带来损失。

2. 经理查询报表

经理查询报表（Manager Report）能够提供供客房经理分析使用的客房相关信息，如当日客房出租率、住客人数、客人预计离店时间等。客房经理可以根据该报表中的信息，及时迅速地获取客房当日的运营情况，对客房销售进行预测并对客房相关人员做出恰当的工作安排等。

3. 市场细分报表

市场细分报表（Market Segment）反映当日入住酒店客人的不同类型（比如来自政府、国际公司及国内公司）、房间数、收入金额及每房收益等信息。该报表可以作为酒店销售预测及市场推广的参考依据，也能够帮助酒店明确其重点客源等信息。酒店的收入报表分析通常将此报表作为基础报表数据之一。

（六）酒店收入审计流程

（1）查看收银员的缴款凭证，并同酒店主管理系统报表进行核对，确保两者一致。

（2）打印“试算平衡表”“取消单据报告”、收银报表等，审查各报表的完整性、准确性。

（3）审查各收银点转账操作是否正确，将每一笔转账账单上的客人签名同开房单上的客人签名及系统记录进行核对，查看是否相同、是否转错房间。

三、理论知识考核

1.【简答题】为什么对取消单据报告进行审查是必要的？列举至少两种可能导致菜品取消的原因。

2.【简答题】前厅收银员在客人入住时的操作步骤有哪些？请按顺序列出，并简要说明每个步骤的重要性。

3.【简答题】客人退房时，前厅收银员需要进行哪些操作？说明其中至少两个步骤的关键性。

四、技能训练

（一）实训任务单

任务描述	餐厅收银报表和投款	
实训目的	熟悉餐厅收银员每日关账、投款流程	
任务分析	重点	掌握每日投款流程
	难点	掌握报表的打印方法
任务时长	1小时	

（二）实训准备

所需设备	
设备	数量/个
餐饮系统	1
餐饮账单	1
点钞币	若干
打印机	1
点钞机	1

（三）操作步骤

子任务	操作步骤
每日营业报表	1. 主控模式下选择“今日报表打印”
	2. 选择1-“每日营业”
	3. 选择9-“系统打印机”，打印
每日分项营业分析	1. 主控模式下选择“今日报表打印”
	2. 选择2-“每日分项营业分析”
	3. 选择1-“部门”
	4. 选择目标餐厅
	5. 选择9-“系统打印机”，打印
当日收银报表	1. 主控模式下选择“今日报表打印”
	2. 选择6-“当日收银报表”
	3. 选择1-“单个收银员”，选择2-“所有收银员”
	4. 选择1-“概要汇总报表”，选择2-“明细报表”
	5. 选择9-“系统打印机”，打印
当日未付账单	1. 主控模式下选择“今日报表打印”
	2. 选择8-“未付已付单”
	3. 选择1-“列出未付单”
	4. 选择9-“系统打印机”，打印

续表

子任务	操作步骤
取消项目报告	1. 主控模式下选择“分析报告”
	2. 选择16-“取消项目报告”
	3. 选择1-“当前营业日”
	4. 选择9-“系统打印机”，打印
填写投款记录表	1. 填写收银员姓名（中文名）
	2. 部门（地点）、班次
	3. 日期和时间
	4. 金额
	5. 用专门的信封/袋进行封装

（四）操作要点说明

1. 确认在投递过程中所需填写的收银员投款记录表，包括必填的信息以及正确的填写方式。

2. 强调投递至财务保险箱的过程需在保安部员工的见证下进行，确保安全性。

3. 填写缴交记录表时要准确无误地填写相关信息，包括日期、金额等，以便后续核对与记录。

（五）实训过程记录

1. 技能练习

项目	内容
收银员姓名	
营业点	
日期	
实收款（金额）	
应缴款（金额）	
应补回（金额）	
外币（金额）	
其他	
总计（金额）	

2. 问题讨论

（1）为什么每日要打印“当日未付/已付单”报表?

（2）“取消项目报告”中如发现取消原因都是“沽清”，说明什么问题?

五、课后拓展任务

酒店每日营业收入审核的目的是确保酒店收入的准确性与完整性，但在日常运营过程中，不排除会有个别营业点发生“走单”的事件，为了更好地做好收入控制，保障酒店财产安全，酒店收入审计应采取何种措施，控制日常经营中可能出现的收入流失问题。

项目六

酒店应收应付

项目描述

酒店应收、应付账款的管理作为酒店营运资金管理的重要方面，占酒店流动资产、负债很大的比重，直接影响酒店的现金流量及经济效益。酒店应收账款是酒店在生产经营活动中，为提高营业收入，吸引客户前来消费，向客人提供中短期信用，允许客人在离店后一段时间内进行结算的方式；酒店应付账款是酒店为满足生产经营活动，购买商品或服务而产生的未付款项。只有加强对应收应付账款的科学管理，才能更好地保证酒店现金持有量与客户供应商关系维护的平衡。

学习目标

❶ 知识目标

（1）解释酒店应收、应付账款产生的由来、分类及相关术语。

（2）列举酒店应收、应付账款的管理目标和管理内容。

（3）阐述酒店信贷政策及付款政策。

❷ 能力目标

（1）能够有效建立并管理各应收、应付账户信息，并与客户、供应商进行对账。

（2）具备编制应收账款账单、催款函的能力。

（3）具备编制付款申请单、核验发票的能力。

（4）具备编制应收、应付账龄分析报表，并对账龄进行有效分析的能力。

❸ 思政目标

（1）培养财务管理逻辑思维能力，辅助酒店运营管理分析。

（2）提升沟通和协作能力，以确保酒店应收、应付账款管理的准确性和及时性。

（3）培养对应付账款管理的责任感和诚信意识，遵守相关法律法规和道德准则，维护与客户的良好关系。

任务1 应收账款账户

一、任务导入

每年的“双十一”都是各大酒店集团在电商平台上吸引客流的重要活动，2023年11月，洲际酒店集团与天猫、去哪儿等电商平台合作，精心推出尊享好礼优惠套餐，以多元精彩的住宿礼遇和覆盖遍布全国各地的多元化产品矩阵，吸引了一大批客户。消费者在各电商平台选择各种促销套餐，第一时间在网络上完成了下单付款，将住宿费等费用支付到了各大电商平台，并在活动时间内到指定酒店进行消费入住。旅客们在入住各酒店时，只需提供一个电商平台网上付款凭证及相关订单号即可办理入住，酒店在提供给客人住宿服务时，并未直接收取客人相关费用，对于这一类客人产生的房费，酒店应如何处理呢？酒店财务又将如何与各个电商平台建立联系，保证酒店的收入不发生流失呢？

思考：如何确保酒店应收账款的回款？

二、理论知识

（一）酒店应收账款的概念

酒店应收账款狭义上是指酒店在经营过程中，因销售商品或提供服务，与客人结算时间不一致而产生的未结款项。简单来说，它是客户或合作公司欠酒店的未结款项。

在激烈的市场竞争环境中，酒店需要采用各种手段促进销售以增加营业收入，除依靠价格优势、提高产品质量及服务品质、加大宣传力度等以外，赊销也成为酒店吸引客源，提高市场占有率的常用手段之一。对于同档次的酒店，在其他条件相差不大的情况下，实行赊销的酒店销售额将明显高于未实行赊销的酒店销售额，因为客户可以从延缓付款时间这一商业信用中获得利益及便利。

酒店提供产品及服务与收取客户消费款的时间不一致，也导致了应收账款的产生。酒店允许住店客人在店期间赊账消费，离店后通过各种结算方式进行结账。各种结算方式下，资金到账的时间长短不同，资金到账时间越长，产生的应收账款也就越多。

酒店应收账款的概念包括两个要素：金额和收款期限。金额表示客户需要支付给酒店的具体数额，可以是单笔交易的金额或多笔交易的累计金额。收款期限表示酒店需要在何时收回款项，通常收款期限会根据合同、协议或客户的要求来确定。

（二）酒店应收账款的类型

1. 应收信用卡

酒店在日常运营中较常遇到客人使用信用卡结算业务，信用卡在通过POS机刷卡进行消费后，款项将进入与酒店合作的相关银行，酒店需每日在POS机上完成结算后，款项方可进入酒店银行账户。

2. 应收企业

为扩大销售，酒店通常会与各类本地企业、公司合作，吸引企业、公司客户到酒店消费，为了给客户提供便捷，通常会让此类企业公司客户“先消费，后买单”，并提供给公司客户一定的结账时限。

3. 应收旅行社

旅行社是酒店非常重要的合作伙伴，大部分通过旅行社预订入住的客人都是以月结的形式进行结算，酒店财务定期与旅行社结款。

4. 应收其他

酒店有内部员工消费、员工借款等，酒店财务需定期向员工进行收款。

（三）酒店应收账款管理的目标

在激烈的市场竞争环境中，酒店应收账款管理就是为了保持酒店扩大销售与应收机会成本、管理成本和坏账损失之间的权衡。

1. 机会成本

应收账款的存在使得资金被客户占用，酒店就会丧失将该笔资金用于投资其他项目获得收益的机会，从而产生机会成本。这是一种隐性成本，酒店不需现实支付，但在进行应收账款决策时需加以考虑。

2. 管理成本

管理成本是指从应收账款产生到收回过程中，所有与应收账款管理有关的费用总和。其主要内容包括制定信用政策产生的费用、对客户资信调查和跟踪费用、信息收集费用、专职信用管理部门的管理费用、收账费用等。

3. 坏账损失

应收账款不能及时收回而发生的损失，称为坏账损失。一般而言，应收账款拖欠的时间越长，发生坏账的可能性就越大。

总之，一定时期内酒店应收账款成本是持有应收账款的机会成本、管理成本和坏账损失之和。通常情况下，应收账款数额越大，所发生的应收账款成本也越高。

三、理论知识考核

1.【判断题】应收账款账户是用于管理酒店未收回的客人消费款项。（ ）

2.【判断题】应收账款的产生是经过酒店授权同意的。（ ）

3.【判断题】应收账款的收款期限是根据客户的需求确定的。（ ）

4.【单选题】下列选项中，属于应收账款机会成本的是（ ）。

A. 应收账款占用资金的应计利息　　B. 客户资信调查费用

C. 坏账损失　　D. 催款费用

5.【多选题】下列选项中，属于应收账款管理的内容有（　　）。
A. 确定客户信用额度
B. 制定合理的信用政策
C. 控制款项回收周期
D. 分析应收账款账龄

四、技能训练

（一）实训任务单

任务描述	某酒店决定与一家本地知名食品公司建立应收挂账关系，作为酒店的应收账款账户，制定开户申请单并审核资料信息，并为其建立应收账款账户	
实训目的	能够列举出为客户开设应收账款账户时应审核的基本信息、银行信息、资质信息，严格执行审批流程，在应收系统中准确录入客户应收账款账户信息	
任务分析	重点	客户的应收账款账户信息
	难点	应收账款账户信用额度的确定
任务时长	1小时	

（二）实训准备

1. 学生使用Excel表格设计应收账款账户申请单，申请单需要中英文对照，提前查询相关词汇。

2. 教师选择一家真实可查的本地食品公司，告知应收账款账户账号的命名规则。

3. 让学生在Opera系统里建立本地公司应收账款账户。

（三）操作步骤

1. 申请单左上角应有酒店标识，先设计表头。

2. 填充企业公司基本信息，应包括：企业名称、地址、联系人、联系方式、账户类型、应收账款账号。

3. 填充客户银行信息，应包括：企业银行账号、企业开户行地址、开户行。

4. 填充客户资质信息，应包括：统一社会信用代码。

5. 底部添加申请人、审核人、批准人的职位及日期信息。

（四）操作要点说明

1. 申请单中英文对照。

2. 申请单包括必需的客户信息。

3. 申请人、审核人、批准人等信息准确。

4. 申请单页面布局美观、字体大小合适。

（五）实训过程记录

1. 技能练习

项目	内容
申请单的使用场景	
申请单的结构与布局	
填充申请单信息	
设置必填字段	

2. 问题讨论

（1）应收账款账户申请单中的哪些信息可以考虑设置选项及格式？

（2）设计完应收账款账户申请单后还需要经历哪些环节才可以正式发布，应如何通知申请企业及酒店相关部门应收账款账户信息？

五、课后拓展任务

请根据酒店的实际业务，为某旅行社建立一个应收账户，在完成应收账户建立后，拟一个通知邮件，通知到酒店相关部门。

任务2　酒店信贷政策

一、任务导入

张三在酒店行业工作超过10年，今年他通过集团内部调转，来到一家开业两年的度假型酒店担任信贷经理。刚上任没几天，财务总监就把张三叫过去，酒店领导对近半年来酒店的应收账款发生额不断上涨这一现象非常担心，上一任的信贷经理对酒店的应收账款管理并未尽到其应有的职责，目前应收账款已趋于失控状态。酒店领导希望张三到任后，可以改变当前的情况。

1. 张三刚刚到任酒店这段时间，已经发现自己办公桌上堆满了一批赊销合同，申请金额巨大，且期限都在60天或者以上，张三应该如何处理这些合同呢？

2. 当前酒店的应收账款有30%都在90天以上，且销售经理普遍认为赊销的期限就应该在60天或者更长时间，但根据张三的经验，行业内同类型的企业一般的信用期限都在30天左右，张三应如何说服销售部门改变原来的状态呢？

3. 酒店总经理要求财务部在6个月内将全部应收账款控制在合理范围之内，能收回的尽量收回，要达到这一目标，张三应该做哪些工作呢?

思考：如何做好酒店的应收账款控制?

酒店应收账款信用管理

二、理论知识

应收账款管理需要酒店制定科学合理的应收账款信用管理政策，加强应收账款日常风险管理，及时收回应收账款，降低风险损失，以求得酒店利润最大化。酒店的信用政策主要包括信用标准（背景调查）、信用条件和收款政策三部分。

（一）信用标准（背景调查）

信用标准是指客户获得酒店信用所应具备的基本条件，也是酒店向客户提供信用的最低要求。信用标准的意义在于酒店用此标准去衡量客户的信用状况，以决定是否向客户予以赊销，如果达不到，客户只能付现款进行消费结算。确定是否可以向客户提供信用，必须做好以下两项工作：调查评估客户的信用状况和确定合理的信用标准。

1. 调查评估客户的信用状况

酒店可通过客户提供的财务报告、开户银行出具的信用证明、专业的信用评估机构及酒店同行的信用评价等途径收集客户的信息资料，从而对客户的信用状况进行评估。目前国际上通用的是信用调查的6C评估法。所谓6C评估法，即品德（Character）、能力（Capacity）、资本（Capital）、抵押品（Collateral）、经营环境（Condition）和连续性（Continuity）。

（1）品德　是客户的信用品质，直接反映在回款速度和回款金额上。每一笔信用交易，都隐含了客户对酒店的付款承诺，如果客户没有付款的诚意，则该应收账款的风险就大大增加，因此，品德被认为是信用评估最重要的因素。

（2）能力　包括客户的经营能力、管理能力和偿债能力。能力越强，酒店的应收账款回款风险就越低。

（3）资本　是指客户的财务实力和财务状况，表明客户可能偿还债务的背景。

（4）抵押品　是客户在拒付或无力支付时被用作抵押的资产。这对于不知底细或信用状况有争议的客户尤其重要。一旦收不到这些客户的款项，酒店作为债权方就有权通过处理抵押品获得补偿。

（5）经营环境　主要是指客户运营的内部和外部环境，当这些环境发生变化时，会对客户的偿债能力产生影响。如果影响很大，则客户的信用水平就将受到威胁。

（6）连续性　是指客户持续经营的可能性。这需要从客户内部的财务状况、产品更新换代，以及科学技术发展情况等来进行综合评价。

2. 确定合理的信用标准

饭店在确定信用标准时，通常是以预期的坏账损失率作为判断标准。酒店所允许的坏账损失率越低，表明其信用标准越严格。如果酒店的信用标准较严，只对信誉好的客户提供信用，则会降低酒店的坏账风险，但会因条件过于严格而降低总销售额；宽松的信用标准虽然可以加大增加销售额的机会，但发生坏账的风险加大，应收账款的机会成本就会提高。合理的信用标准应当是使得增加赊销额所取得的收益大于机会成本和风险损失。

（二）信用条件

信用条件是指酒店要求客户支付赊销款项的条件，包括信用期限、信用额度和现金折扣。

1. 信用期限

信用期限是酒店为客户规定的最长的付款时间界限，需要在信用合同中加以明确。信用期限越长，能吸引的客户越多，可增加酒店的销售额；但信用期限过长，会加大应收账款的管理成本、机会成本和坏账损失风险。酒店需权衡利弊，合理确定信用期限，在成本效益原则下，使酒店总收益最大。

2. 信用额度

信用额度是酒店允许客户在一定期间内的最高赊销额，超过该额度客户必须现结或结清欠款后方可继续签单挂账。酒店合理确定某客户的信用额度，需要综合考虑自身的资金实力、销售政策、外部的竞争压力和客户的信用等级。

3. 现金折扣

现金折扣是酒店给客户以适当的折扣，以吸引客户提前付款，缩短酒店收账期。例如，现金折扣表示为“2/10、1/20、*n*/30”，即客户履约最迟付款期为30天，如果客户能在10天内付款，则可以享受应收账款2%的折扣，在20天内付款可以享受1%的折扣，在超过20天，未满30天内付款，则不享受任何折扣。酒店是否愿意提供现金折扣，主要是看加速收款所获得的收益能否补偿现金折扣的成本。

（三）收款政策

收款政策又称收款方针，是指当客户违反信用条件，拖欠甚至拒付账款时所采用的收款策略与措施，即采取何种合理的方法最大限度收回被拖欠的账款。

酒店对各种不同过期账款的催收方式，即收款政策是不同的。对过期较短的客户，不需过多地打扰，以免将来失去这一市场；对过期较长的客户，可采取邮件、信件形式催款并主动打电话催询；对过期很长的客户，可在催款时措辞严厉，必要时提请有关部门仲裁或提请诉讼等。

当账款经常被客户拖欠或拒付时，酒店首先应分析现有的信用标准及信用审批制度是否存在纰漏，然后重新对违约客户的信用状况进行调查评估。对于信用品质恶劣的客户，应当从信用名单中排除，对其所拖欠的款项可先通过信函、电话或派员前往等方式进行催收，态度可逐渐强硬，并提出警告。当这些措施无效时，则可以通过法院裁决。对于信用记录一向正常的客户，在去电、去函基础上，可派人与客户直接协商，彼此沟通意见，达成谅解妥协，既可加强相互间的关系，又有利于较为理想地解决账款拖欠问题。

在实际工作中，总有少部分客户因各种原因不能及时付款，甚至会有一定比例的账款形成坏账损失。酒店为维持既定的信用标准，就必须采取措施，抓紧账款催收，以减少坏账损失。

（1）时间问题　由于催收不力或不及时，拖欠时间越长，造成坏账的可能性越大。

（2）费用问题　酒店无论用何种方式催收欠款，都会发生有关收账费用，有的费用还相当大。

（3）客户心理　催收手段过于强硬，会造成客户的逆反心理，反而不利于收款。

（4）酒店形象　酒店经常求助于法律解决收账问题，对酒店在公众中的形象不一定有好处；如果采取一些不恰当的方式催款，更会损害酒店形象。

一般来说，收账费用越大，收账措施越有力，可收回的账款应越大，坏账损失也就越小。因此，酒店确定收账政策时，要在增加的收账费用与减少应收账款而节约的存置成本和坏账损失之间进行权衡。

三、理论知识考核

1.【判断题】信用额度是酒店允许客户在一定期间内的最高赊销额，超过该额度客户可以继续申请挂账。（　）

2.【判断题】酒店对于应收账款超过30天的客户，应第一时间发送函件通知缴款。（　）

3.【判断题】现金折扣表示为“2/10、1/20、*n*/30”，表示在30天之内付款可享受*n*%的折扣。（　）

4.【判断题】应收账款的催款工作都是由酒店财务部发起执行的。（　）

5.【多选题】信用评价中的6C评估法指导是（　）。

A. 客户的财务状况　　B. 客户的经营能力

C. 客户的信用品质　　D. 影响申请人还款能力的经济环境

6.【多选题】酒店在进行应收账款管理时，除要确定信用条件和信用标准外，还需要合理制定（　）。

A. 现金折扣率　　B. 信用期间　　C. 现金折扣期间　　D. 收账政策

四、技能训练

（一）实训任务单

任务描述	某企业客户在酒店的应收账款账龄已经超过60天，经过酒店审批，请按照要求编制一份催款函	
实训目的	能够列举出为客户编制催款函件时的注意事项及具体内容，严格执行审批流程，通过催款函的编制把握信贷政策相关要求	
任务分析	重点	催款函件的格式及内容
	难点	催款函件话术的严谨性
任务时长	1小时	

（二）实训准备

1. 学生使用Word设计应收账款催款函，催款函需要中英文对照，提前查询相关词汇。
2. 教师选择一家企业，告知学生该企业的基础信息及催款原则。

（三）操作步骤

1. 催款函左上角应有酒店标识，先设计表头。
2. 填充酒店基本信息，应包括：酒店名称、地址、联系人、联系方式、银行开户行信息。
3. 填充客户基本信息，应包括：企业名称、地址、应收账号、联系人、联系方式、开户行信息。
4. 催款函左底部添加酒店名称及日期信息。

（四）操作要点说明

1. 催款函中英文对照。
2. 催款函包括必需的客户信息，确保准确。
3. 催款函中的酒店开户行、账号等信息要准确。
4. 催款函页面布局美观、字体大小合适。

（五）实训过程记录

1. 技能练习

项目	内容
催款函的使用场景	
催款函的结构与格式	
填充催款函信息	
设置必填字段	

2. 问题讨论

（1）应收账款账户催款函哪些信息可以考虑设置选项及格式？

（2）应收账款账户催款函需要经历哪些环节才可以正式发布给客户？

五、课后拓展任务

请根据酒店的实际业务，找一家已申请开设酒店应收账户的企业，根据企业提供的材料，制作一份该企业的信用调查评估报告。

任务3 酒店应收账款管理

一、任务导入

某酒店为了扩大收入，吸引本地企业等大宗客户，与多家本地企业签署了信贷协议，允许企业在酒店赊账消费，消费账目按月进行结账清算，该酒店财务年报显示2023年度第一季度酒店赊销收入净额为240万元人民币，3月底应收账款账面为120万元人民币，据当地酒店行业协会数据统计，应收账款回款周期一般为30天，该如何评估该酒店的应收账款周转情况？应收账款的周转情况对酒店生产经营会造成何种影响？

思考：酒店的应收账款大概多久收回来比较合适？

酒店应收账款

二、理论知识

（一）应收账款的考核分析

酒店采用赊销方式在扩大销售的同时也导致了应收账款的增加，现金净流入减少，增加了应收账款的机会成本（资金占用成本）。如果酒店不对应收账款采取合理有效的考核措施，势必导致应收账款的管理失控，坏账风险加大，经济效益下降，甚至无法保证酒店的持续健康发展。酒店一般通过赊销百分比、应收账款周转率、应收账款回收率、坏账损失率等指标对应收账款进行考核。

1. 赊销百分比

赊销百分比是指酒店营业收入中赊销收入所占比例。其计算公式如下：

赊销百分比＝计算期赊销收入净额/计算期销售收入净额×100%

2. 应收账款周转率

应收账款周转率是指一定时期内（通常为1年）应收账款转变为现金的次数。其计算公式如下：

应收账款周转率＝计算期赊销收入净额/应收账款平均余额×100%

计算期赊销收入净额＝计算期销售收入总额−现销收入−销售折扣

应收账款平均余额＝（期初应收账款余额+期末应收账款余额）/2

在实际工作中，经常运用应收账款平均收账期反映应收账款的周转速度，即指1年内应收账款收回平均所需的时间。其计算公式如下：

应收账款平均（年）收款账期＝360/应收账款周转率

应收账款周转率越高，平均收账期越短，说明应收账款的收回越快。

3. 应收账款回收率

应收账款回收率是指酒店在一定时期内收回的应收账款与应收账款的占用及发生额之间的比率。影响应收账款回收率的主要因素是时间、债务人偿债能力和客户的信用等级。其计算公式如下：

$$应收账款回收率 = 应收账款回收额/应收账款占用及发生额 \times 100\%$$

其中，应收账款回收额为应收账款全年贷方发生额（即收回的金额）扣除核销的坏账损失，应收账款占用即发生额为应收账款年初余额与应收账款全年借方发生额的合计数。

应收账款回收率指标能够真实、正确地反映酒店应收账款的变现速度。加快应收账款回收速度，使在流动资产中占较大份额的应收账款能及时收回，能够减少营运资金在应收账款上的呆滞占用，从而盘活酒店营运资金，提高企业资金的利用效率。该指标越高，说明客户付款及时，酒店收款迅速，发生坏账损失减少，酒店的信用政策执行情况良好。并且，通过该指标的计算，还可以间接反映酒店赊销规模的大小。

4. 坏账损失率

坏账损失率是指酒店在一定时期内发生的坏账损失与应收账款占用及发生额的比率。该指标越低，说明酒店发生的坏账损失越少，酒店信用政策执行情况越好。

（二）应收账款账龄分析

酒店的应收账款账龄是指未收回的应收账款的时间长短，用于衡量应收账款回收的时效性。账龄根据账款的发生日期（根据客户在酒店消费的日期或服务完成日期确定）和当前日期计算，通常将应收账款分为以下几个类别。

1. 当期应收账款

当期应收账款指账款发生日期到当前日期之间的时间段内，根据合同约定尚未到期的应收款项。

2. 逾期应收账款

逾期应收账款指账款发生日期到当前日期之间的时间段内，根据合同约定已经到期但尚未支付的款项。逾期应收账款可能会导致坏账发生的可能性。

3. 长期逾期应收账款

长期逾期应收账款指账款发生日期已经超过一定时间（通常是超过90天）但尚未支付的款项。长期逾期应收账款可能表明客户拖欠付款问题严重，需要特别关注和处理，并及时做好坏账预警处理的准备。

一般来说，应收账款的账龄越长，形成坏账的风险就越高，酒店通常会通过编制应收账款账龄分析表，来掌握不同收账期的应收账款分布情况。通过应收账款账龄分析表可以看出，酒店的信用政策制定的情况及对应收账款催收执行的力度，可以更好地帮助酒店管理层做出管理决策。

三、理论知识考核

1.【判断题】酒店应收账款账龄一般都是按月进行划分。（　　）

2.【判断题】酒店应收账款账龄分析可以向分析人员显示客户的欠款金额及欠款期。（　　）

3.【判断题】酒店应收账款回收率能正确反映酒店应收账款的变现速度。（　）

4.【判断题】坏账损失率越低，说明酒店发生的坏账损失越少。（　）

5.【多选题】下列关于信用期间的表述中，错误的有（　）。

A. 缩短信用期间可能增加当期现金流量

B. 延长信用期间会扩大销售

C. 降低信用标准意味着将延长信用期间

D. 延长信用期间将增加应收账款的机会成本

6.【多选题】酒店应收账款账龄一般可分为（　）。

A. 30天　　B. 60天　　C. 90天　　D. 130天

四、技能训练

（一）实训任务单

任务描述	酒店应收账款账龄报表制作	
实训目的	能够列举出不同类型的企业在酒店的应收账款账龄情况，在应收系统准确找到客户信息	
任务分析	重点	酒店的应收账款账龄及余额的准确性
	难点	系统中应收账款账户与账龄报表信息的一致性
任务时长	1小时	

（二）实训准备

1. 学生使用Excel表格设计酒店应收账款账龄表，账龄报表需要中英文对照，提前查询相关词汇。

2. 教师选择一家具有真实数据的酒店，告知账龄报表的编制规则。

3. 有酒店管理信息系统Opera的院校让学生在系统里打印酒店应收账款账龄报表。

（三）操作步骤

1. 酒店应收账款账龄报表左上角应有酒店标识，先设计表头。

2. 填充客户基本信息，应包括：企业名称、地址、联系人、联系方式、分类、应付账款账号。

3. 酒店应收账款账龄报表底部添加制表人、审核人、批准人的职位及日期信息。

（四）操作要点说明

1. 酒店应收账款账龄报表中英文对照。

2. 酒店应收账款账龄报表包括必需的客户信息。

3. 酒店应收账款账龄报表制作人、审核人、批准人等信息要准确。

4. 页面布局美观、字体大小合适。

（五）实训过程记录

1. 技能练习

项目	内容
应收账款账龄报表的使用场景	
应收账款账龄报表的结构与布局	
填充应收账户信息	
设置必填字段	

2. 问题讨论

（1）应收账款账龄报表应该如何设置选项及格式?

（2）设计编制完应收账款账龄报表后还需要经历哪些环节才可以正式发布使用?

五、课后拓展任务

请根据酒店的实际业务，制定酒店应收账款坏账的预警管理办法。

任务4　应付账款账户

一、任务导入

一家奢华品牌酒店处于筹备开业阶段，涉及筹开采购的工作量巨大。常说的FF&E和OS&E（HOE）是酒店筹开采购项目中最主要的两大采购类别，FF&E即Furniture，Fixtures & Equipment，就是家具、固件设施和设备。OS&E即Operation Supply & Equipment，指酒店运营用品及设备，主要包含餐饮类、客房类和后勤类。HOE涉及的行业类别多、品种繁杂，其中有些物品一定要遵循酒店品牌标准，会由酒店管理集团指定供应商。整个过程中最具挑战的是在产品品牌以及相关供应商的选择上，既要考虑酒店管理集团对于品牌的重视度，又要考虑业主对于价格的敏感度。

若HOE的供应商们陆陆续续通过了业主审批，酒店财务如何为各个供应商设置应付账款账号，保证后续订单预付款、尾款的支付及节省整个采购环节时间?

思考：如何分类处理酒店供应商的货款?

二、理论知识

（一）酒店应付账款的概念

应付账款账户

酒店应付账款狭义上是指酒店在经营过程中，因购买商品或服务而产生的未付款项。简单来说，它是酒店欠供应商或服务提供商的款项。

酒店在日常运营中需要购买各种物品和服务，例如食品、饮料、清洁用品、设备维护等。这些商品或服务的提供商通常会向酒店提供相应的发票或账单，显示应付的金额和付款期限。

酒店应付账款的概念包括两个要素：金额和付款期限。金额表示酒店需要支付的具体数额，可以是单笔交易的金额或多笔交易的累计金额。付款期限表示酒店需要在何时支付款项，通常根据合同、协议或供应商的要求来确定。

（二）酒店应付账款的类型

（1）供应商商品或服务采购款　酒店在日常运营中需要采购各种商品或服务，例如食品、饮料、家具、清洁用品、IT设备等。

（2）员工薪资和福利款　酒店需要支付员工的基本工资、奖金、津贴等福利和社会保险。

（3）房地产租赁款　如果酒店的物业不是自有的，而是租赁的，酒店需要支付房地产租赁款给房地产所有者。

（4）债务利息和偿还款　如果酒店有借款或贷款，酒店需要支付债务利息和偿还款给债权人或金融机构。

（5）公用事业费用　酒店需要支付水、电、燃气等公用事业费用。

（6）税金　酒店需要支付各种税金，如增值税、营业税、所得税等。

（7）维护和保养费用　酒店需要支付设备维护、保养和修理等费用。

（8）保险费用　酒店需要支付各种保险费用，如财产保险、责任保险等。

（三）供应商类型

奢华品牌酒店通常会与多个供应商建立合作关系，以满足其高品质服务和独特体验的需求。依据供应的物品或服务种类可分为：食品类、酒水类、技术和设施设备类、一般物品（制服、布草、瓷器、玻璃及金属器皿、清洁用品、文具等）、其他（外包劳务、维保、表演等）。依据来源主要分为两类：酒店自主决定及酒店管理集团指定。

（四）供应商信息

（1）基本信息　类型、名称、地址、联系方式、财务代码（应付账号）。

（2）联系人信息　姓名、联系方式、职位。

（3）银行信息　企业银行账号、企业银行开户名、开户行。

（4）资质信息　统一社会信用代码。

经酒店的管理层逐级通过后的供应商，可将上述供应商信息添加到采购系统中。

（五）为供应商建立应付账款账户的相关步骤和过程

（1）建立供应商档案 一般在采购系统中建立供应商档案，包括供应商的基本信息、银行账户信息等。这些信息将用于建立供应商的应付账款账户，并作为日后对账和支付的依据。

（2）协商应付账款账户的具体细节 包括对账期限、结算期限、结算方式、现金折扣等。

（3）自定义应付账款账号 酒店应付会计为每个供应商自定义一个唯一的应付账款账号，用于标识和记录与该供应商相关的应付账款事务。这个账号将与供应商的档案相对应，并在日后的对账和支付过程中使用。

（4）更新财务系统 酒店应付会计将供应商的应付账款账户信息更新到采购系统和做账系统中，确保系统能够准确地跟踪和记录与供应商之间的应付账款事务。这样，在进行对账、付款申请和支付时，系统能够自动识别和关联正确的供应商账户。

三、理论知识考核

1.【判断题】应付账款账户是用于管理酒店未付给供应商的款项。（ ）

2.【判断题】应付账款账号一般是由酒店的采购系统自动生成的。（ ）

3.【判断题】建立供应商的应付账款账户可以帮助酒店更好地管理供应链。（ ）

4.【判断题】应付账款账户的信息包括供应商基本信息、银行信息和资质信息。（ ）

5.【单选题】建立供应商的应付账款账户的流程不包括以下哪个步骤？（ ）

A. 供应商资料收集　B. 系统录入供应商信息

C. 供应商审核与批准　D. 对账及付款操作

6.【单选题】应付账款账户的付款常用哪种方式？（ ）

A. 现金　B. 网银转账　C. 支票　D. 刷卡

四、技能训练

（一）实训任务单

<table>
<tr><td>任务描述</td><td colspan="2">1. 酒店采购决定选用一家食品配送公司，作为酒店应付会计，开设食品配送公司的应付账款账户开户申请单并审核资料信息；
2. 若审核通过且经酒店管理层批准，为其建立应付账款账户</td></tr>
<tr><td>实训目的</td><td colspan="2">能够列举出为供应商开设应付账款账户时应审核的基本信息、银行信息、资质信息，严格执行审批流程，在采购系统及应付系统中准确录入供应商信息</td></tr>
<tr><td rowspan="2">任务分析</td><td>重点</td><td>供应商的应付账款账户信息</td></tr>
<tr><td>难点</td><td>采购系统及应付系统中应付账款账户的一致性</td></tr>
<tr><td>任务时长</td><td colspan="2">1小时</td></tr>
</table>

（二）实训准备

1. 学生使用Excel表格设计应付账款账户申请单，申请单需要中英文对照，提前查询相关词汇。

2. 教师选择一家真实可查的食品配送供应商，告知应付账款账号的命名规则。

3. 让学生在酒店财务管理信息系统里建立供应商应付账款账户。

（三）操作步骤

1. 申请单左上角应有酒店标识，先设计表头。

2. 填充供应商基本信息，应包括：企业名称、地址、联系人、联系方式、分类、应付账款账号。

3. 填充供应商银行信息，应包括：企业银行账号、企业开户行地址、开户行。

4. 填充供应商资质信息，应包括：统一社会信用代码。

5. 申请单底部为申请人、审核人、批准人的职位及日期信息。

（四）操作要点说明

1. 申请单中英文对照。

2. 申请单包括必需的供应商信息。

3. 申请人、审核人、批准人等信息要准确。

4. 申请单页面布局美观、字体大小合适。

（五）实训过程记录

1. 技能练习

项目	内容
申请单的使用场景	
申请单的结构与布局	
填充申请单信息	
设置必填字段	

2. 问题讨论

（1）应付账款账户申请单哪些信息可以考虑设置选项及格式？

（2）设计完应付账款账户申请单后还需要经历哪些环节才可以正式发布使用？

五、课后拓展任务

酒店的应付款项还包括员工薪酬、水气电能源、税金、员工报销，这四类应付款与供应商的应付款有什么区别？酒店会在采购系统里为自来水公司、供电局、税务局及员工个人设置所谓的应付账款账户吗？

任务5 付款申请

一、任务导入

某酒店一日的收货记录如表6-1所示。

表6-1　某酒店一日的收货记录

项目	收货部门	额度/元
菜垫纸	中厨房	500
食品一批	西厨房	5000
墨盒	财务	4000
零配件一批	工程	6000
清洁剂	客房	4000
订制客用礼品	前厅	2000

另外，酒店人力资源培训经理参加年度集团会议的差旅费6000元、当日宴会聘用临时工工资3200元、快递公司发来了酒店月度快递费用800元，与某在线旅行社（OTA）的当月佣金为100000元。

1. 以上应付款项分别由谁发起付款申请？付款申请审批流程是什么？
2. 由谁操作最终的付款？付款之前需要核对哪些付款凭证资料确保应付账款的准确性？

思考：如何确保酒店供应商货款支付的准确性？

付款流程

二、理论知识

（一）核对收货记录

通常情况下，收货记录在采购系统生成后可以导出生成NDF文件（一种数据库文件格式，用于分散存储数据库的数据和索引，以提高性能和可扩展性），然后导入Sun系统（一种财务管理软件系统，由Oracle公司开发和提供。Sun System是Oracle Financials产品套件的一部分，旨在帮助组织管理其财务活动和流程），进行记账。

酒店应付审核每日收货记录是确保采购和收货过程的准确性和合规性的重要步骤。以下是酒店应付审核每日收货记录的一般步骤。

（1）核对订单和收货记录　酒店应付需要仔细核对采购订单和收货记录。确保订单和收货记录之间的信息一致，包括供应商、商品、数量、价格等。如图6-1中供应商G、面巾、50条、20元/条。

*供应商名称:	供应商G	*部门/仓库:	总仓仓库	*到货/退货日期:	2023-06-18
*记账日期:	2023-06-18	核算期:	202111	备注:	
不含税金额:	884.96	税额:	115.04	含税金额:	1000　总计金额（大写）：壹仟元整
附件:					

物品编号	物品名称	英文名	规格	采购单位	收货数量	备注	含税单价	净价	含税金额	不含税金额	税率%	生产日期	保质期(天)
34100001	面巾	面巾	全棉漂白16S 平织 40*70*180g	条	50		20.00	17.70	1000.00	884.96	13%	2023-06-18	

图6-1　某酒店面巾收货记录

（2）检查商品质量和完整性　酒店应付可以与采购部门或仓库人员一起检查收货的商品质量和完整性。确保收到的商品符合预期，并没有损坏或缺失。

（3）核对价格和折扣　对比采购订单上的价格和供应商提供的价格，确保没有发生错误或漏计。同时，核对是否享受了协商的折扣或优惠。

（4）核对收货数量　核对收货记录中的数量与实际收到的商品数量是否一致。确保没有发生数量上的差异或错误。

（5）处理差异和纠正　如果在审核过程中发现差异，例如数量不符或价格不一致，酒店应付需要与采购部门或供应商进行沟通和协商，解决问题并纠正账务。

（6）记录审核结果　财务部门应记录每日收货记录的审核结果，包括发现的问题、解决方案和纠正措施等。这有助于跟踪和管理采购和收货过程中的问题和改进。

通过以上步骤，酒店应付可以确保每日收货记录的准确性和合规性，及时发现和解决问题，确保账务的正确性和供应链的顺畅运作。

（二）与供应商对账

酒店运营期间连续供给的商品和服务采用月结对账再付款的形式，酒店应付与供应商进行对账是确保应付款项准确性和合规性的重要前提。以下是酒店应付与供应商对账的一般过程。

（1）收集供应商对账单　酒店应从供应商处获取对账单或对账明细。这些对账单通常包含供应商向酒店销售的商品或服务的详细信息，如发票号码、日期、商品描述、数量、价格等。

（2）对照收货记录　酒店应付需要将供应商的对账单与酒店的收货记录进行对照。核对每笔交易的信息，确保收货记录与供应商提供的对账单相符。

（3）验证价格和数量　酒店应付会仔细核对对账单上的价格和数量与收货记录是否一致。检查商品或服务的定价是否正确，数量与收货记录是否相符。

（4）处理差异和争议　如果在对账过程中发现差异或争议，与供应商进行沟通和协商，以解决问题。这可能涉及请求供应商提供更详细的信息。

（5）更新应付账款余额　在完成对账后，根据对账结果更新酒店的应付账款余额。对于对账一致的交易，应付账款余额将保持不变。对于存在差异或争议的交易，可能会进行调整。

（6）对账单确认　一旦对账完成，将对账结果与供应商进行确认。这可以通过邮件、电话或正式的对账单确认函等方式进行。

对账的目的是确保供应商的对账单与酒店的记录相符，避免错误和漏项，并及时解决差异或争议。这有助于维护与供应商的良好关系，并确保应付款项准确性。

（三）核对发票信息

酒店应付与供应商月结对账无误后，供应商会开具相应额度的增值税专票，同时需要在发票系统中进行认证，便于销项税的抵扣。需要核对的信息如下。

（1）专票的第二联抵扣联、第三联购买方记账联齐全。

（2）购买方、销售方信息准确。

（3）货物或应税劳务、服务（名称、单位、数量、单价、金额、税率、税额）与供应商的合同及收货记录保持一致。

（4）价税合计额度与月结对账结果一致。

（5）两联发票打印内容清晰且均打印在相关区域范围内。

（6）销货单位公章齐全。

（四）填写付款申请

以表6-2所示的付款申请表为例。

（1）右上角勾选付款方式，以网银转账为主。

（2）向供应商付款统一由酒店应付填写，填写物品使用部门、收款单位、收款开户行、账号、采购单号码、金额、用途，以上信息均需要与采购系统中的信息保持一致，部门负责人签字。

（3）记账，根据会计分录“有借（debit）必有贷（credit），借贷必相等”的编制原则，申请付款时，借：应付账款/应付票据等，贷：银行存款/现金等。例如某食品配送中心与酒店应付月结时对账结果是30000，采用网银转账的形式支付，会计分录编制如表6-3所示。

T0～T9如何填写，要根据酒店的具体要求，T0一般是会计科目代码，T1是部门代码，T2～T9一般不填写。付款申请表递交至酒店财务应付处复核，然后经财务总监、总经理、业主方逐级审批。

（五）公对公网银转账

（1）酒店应付使用企业的网银账号和密码登录网银系统。

（2）选择转账功能，输入供应商提供的信息，输入收款方的企业名称、企业账号和开户行等信息。确保准确无误地输入收款方的信息。

（3）在转账界面中输入要支付的金额，确保与付款申请表中的应付账款金额一致，到账日期一般选择实时到账。

表6-2 付款申请表

付款申请表
PAYMENT REQUISITION

☐ CASH 现金
☐ CHEQUE 支票
☐ REMITTANCE 汇款
☐ OTHER ______ 其他

致：财务部
TO: FINANCE

传票号码
PV NO : ____________

由
FROM : ____________

部门 / 分部
(DEPT / SECTION)

日期
DATE : 2022-2-9

收款单位/人
PAYEE : ____________

开户行
Bank: ____________

账号
A/C: ____________

实际花销 Actual Claim	
原借款 Cash Advance	
余额 Balance	

金额 人民币（大写）
AMOUNT (RMB) : **零分** ¥0.00

Payment:
付款：

用途
PARTICULARS : ____________

采购单号码
P.R.NO : ____________

申请人
REQUESTED BY : ____________

核对
VERIFIED BY : ____________
部门经理
DEPARTMENT HEAD

财务部填写
(FOR ACCOUNTS PAYABLE SECTION USE)

日期
DATE: ____________

准备
PREPARED BY: ____________

支票号码
CHEQUE NO: ____________

复核
CHECKED BY: ____________

批准
APPROVED BY:

财务及业务支持总监 Director, Finance & Business Support	总经理 General Manager	财务副总监（业主方委派） Deputy Director of Finance(Owner)	业主代表 Owner Representative

USE COLUMNS BELOW FOR MULTIPLE TRANSACTIONS 以下多栏表用于多项记账

科目 A/C NO.											科目名称 Account Name	金额(Debit) Split Amount	金额(Credit) Split Amount	备注 Remarks
A/C NO.	T0	T1	T2	T3	T4	T5	T6	T7	T8	T9				

过账
Posted By: ____________

Post No: ____________

收款人
Received By: ____________

表6-3 会计分录编制

科目											科目名称 Account Name	金额（Debit）Split Amount	金额（Credit）Split Amount	备注 Remarks
A/C No.	T0	T1	T2	T3	T4	T5	T6	T7	T8	T9				
											应付账款	30000		
											银行存款		30000	

（4）根据需要，填写付款附言或备注信息，以便收款方能够识别付款用途或参考信息。

（5）仔细核对转账信息，确保收款方信息、付款金额、到账日期和附言等都正确无误。

（6）根据网银系统的要求，输入付款密码或授权码（U盾）进行身份验证和授权，确认转账操作，提交付款请求。

（7）获取转账确认信息，包括转账成功的提示、交易参考号等。

（六）Sun系统核销应付账款

采购系统的收货记录导入Sun系统中形成应付账款，依据网银转账记录在Sun系统中依次核销应付账款。

三、理论知识考核

1.【判断题】收货记录必须与原始采购单保持一致，不能有更改。　（　）

2.【判断题】与供应商对账是为了确认所购买的商品或服务的价格和数量与供应商提供的发票一致。　（　）

3.【判断题】一般要求供应商开具增值税专票，用于酒店进项税的抵扣。　（　）

4.【判断题】付款申请单必须由商品及服务的使用部门负责人填写。　（　）

5.【判断题】网银公对公转账是指企业通过网银系统进行与其他企业之间的资金转移。　（　）

6.【单选题】以下属于核对收货记录的目的的是（　）。

A. 确认付款金额的准确性　　B. 确认收货物与订单的一致性

C. 确认发票的准确性　　D. 确认供应商的信用等级

7.【单选题】与供应商对账的目的是（　）。

A. 确认供应商的信用等级

B. 确认供应商的联系方式

C. 确认购买的商品或服务的价格和数量与发票一致

D. 确认付款金额的准确性

8.【单选题】关于付款申请单的描述错误的是（　）。

A. 应付款金额大小写必填

B. 若干家供应商可共用一个付款申请单

C. 需要财务总监、总经理、业主方逐级审批

D. 会计分录需要填写

9.【单选题】关于向供应商网银转账的描述错误的是（　）。

A. 一般到账方式为实时到账

B. 由酒店应付操作企业网银

C. 每笔转账需要留附言

D. 每日单笔交易无限额

10.【单选题】关于在Sun系统中的应付账款处理描述错误的是（　　）。

A. 酒店所有的应付账款均应抛入系统　　B. 应付账款的产生依据是采购订单

C. 应付账款和已付转账形成借贷平衡　　D. 酒店所有的已付转账均应录入系统

四、技能训练

（一）实训任务单

任务描述	某酒店决定向一家软件供应商采购一款财务系统，已签订采购合同。合同付款规定为签订合同7日内向供应商支付30%的预付款，支付完预付款，供应商入驻酒店安装财务系统，安装完毕启用30天内付尾款。合同报价单为60万元。 以小组为单位完成以下两项任务： 1. 填写预付款及尾款付款申请单； 2. 总结及汇报展示付款流程及步骤	
实训目的	1. 能够准确填写付款申请单，审核付款申请的支撑材料（合同付款条款、收货记录、发票等），区分付款时的预付款及尾款的会计分录编写。 2. 熟记供应商应付账款的流程，高效审核相关资料，控制应付账款周期，具备酒店应付岗位的基本工作能力	
任务分析	重点	应付账款付款流程
	难点	采购订单、收货记录、发票、支付记录、记账内容的吻合一致性及相辅相成
任务时长	1小时	

（二）实训准备

1. 财务系统采购合同（合同总价、付款条款、报价单、销售方账户信息等）、发票、到货验收单、付款申请单等纸质材料。

2. 预付款及尾款在付款申请时的会计分录编制。

3. 学生应用采购系统、发票系统、Sun系统进行操作演示，学生自行下载持有银行卡的开户银行手机银行，查阅转账界面操作。

（三）操作步骤

1. 根据合同预付款额度18万元、供应商银行账户信息先填写预付款，用途为预付款，右上角勾选汇款。会计分录为借：预付账款，贷：银行存款。

2. 审核到货验收单，应包括：项目名称、验收时间、验收内容及合格要求、酒店信息技术部门验收意见为合格、财务部使用意见等。

3. 审核发票，进行发票系统验证，应包括：抵扣联和购买方记账联、价税合计、购买方及销售方信息、税率等。

4. 填写尾款付款申请单，应包括：用途为付款，额度42万元，右上角勾选汇款，会计分录为借：应付账款、贷：银行存款。

5. 总结付款流程步骤，制作成PPT汇报。

（四）操作要点说明

1. 付款申请单信息填写完整、准确，注意用途、额度、会计分录的编写。
2. 审核软件产品类验收单的信息与采购合同的一致性。
3. 审核发票信息与采购合同的一致性。
4. 制作的汇报PPT内容以图片、操作要点及注意事项为主。

（五）实训过程记录

1. 技能练习

项目	内容
填写预付款付款申请单	
审核合同、软件验收单、发票	
填写尾款付款申请单	
制作汇报PPT	

2. 问题讨论

（1）预付款时需要发票作为凭证之一吗？预付款和尾款有何本质区别？

（2）若财务软件安装完毕后30天内，酒店并未结算尾款，可能的原因是什么？

五、课后拓展任务

酒店所有员工工资（应付职工薪酬-工资薪金）及酒店承担的五险一金（应付职工薪酬-养老保险/医疗保险/失业保险/工伤保险/生育保险/住房公积金等）在每月应付账款中占比较大，酒店人力资源会根据员工考勤核算好每位员工的应发工资、实发工资（代扣代缴五险一金及个税、工会经费、职业年金等）交由酒店财务薪资主管进行审核并发放。

1. 员工工资的支付流程与酒店应付向供应商支付应付账款流程上有何差异？

2. 工资计提、发放工资、计提单位承担的五险一金、缴纳单位承担的五险一金时如何编制会计分录？

任务6 账龄分析

一、任务导入

一般情况下酒店供应商与酒店应付当月月底对账，次月开具发票，酒店应付在开票日期

7～15天内进行付款。若逾期就产生了应付账款账龄。根据表6-4分析酒店应付账款逾期的可能原因。

表6-4　供应商月度账龄分析报表

供应商应付账号	供应商名称	总额/元	当月发生额	0～30天	30～60天	60～90天	90～120天
GYS001	供应商A	10,000.00	6000.00		4000.00		
GYS002	供应商B	15,000.00	12,000.00	3000.00			
GSY003	供应商C	900.00	900.00				

思考：酒店的应付账款多久付一次合适?

二、理论知识

（一）应付账款账龄的概念

酒店的应付账款账龄是指未向供应商付款的时间长短，用于衡量应付账款支付的时效性。账龄根据账款的发生日期（根据供应商提供的发票日期或服务完成日期确定）和当前日期计算，通常将应付账款分为以下几个类别。

（1）当期应付账款　指账款发生日期到当前日期之间的时间段内尚未到期的应付款项。这是即将到期或尚未逾期的账款。

（2）逾期应付账款　指账款发生日期到当前日期之间的时间段内已经到期但尚未支付的应付款项。逾期应付账款可能会导致供应商关系紧张或产生滞纳金等额外费用。

（3）长期逾期应付账款　指账款发生日期已经超过一定时间（通常是超过90天）但尚未支付的应付款项。长期逾期应付账款可能表明供应商付款问题严重，需要特别关注和处理。

（二）应付账款账龄报表

在一些酒店业常用的采购系统中，针对每项收货记录可以生成付款单，若在系统中录入发票及付款信息，系统就可以生成应付账款账龄报表，如图6-2所示。

（三）应付账款账龄分析周期

酒店进行应付账款账龄分析的频率可以根据具体情况进行调整，但通常建议进行定期的账龄分析，以确保及时了解供应商的付款情况并采取相应的措施。

一般来说，酒店可以选择以下频率进行应付账款账龄分析。

（1）月度分析　每月对应付账款进行一次账龄分析是比较常见的做法。这样可以对当月的账款情况进行监控，及时发现逾期账款并采取催款等其他解决措施。

（2）季度分析　如果酒店的账款量相对较小或供应商关系相对稳定，可以选择每季度

供应商编码	供应商	供应商分类	当月付款金额	合计	少于一个月	少于三个月	多于三个月但少于半年	多于半年但少于一年	多于一年
HZCYY002	供应商B	食材类	0	91800	0	7000	0	83400	1400
HZCYY001	供应商A	食材类	3500	73550800	0	602500	10184700	6773700	55989900
HZCYY004	供应商D	酒水类	0	248000	0	0	0	248000	0
HZCYY003	供应商C	酒水类	0	1092000	0	0	2000	90000	1000000
HZCYY006	供应商F	酒水类	0	359520	0	0	0	359520	0
HZCYY005	供应商E	酒水类	0	40120	0	0	0	120	40000
HZCYY007	供应商G	资产费价类	0	12027520	0	337840	200	9529740	2159740

图6-2　某系统的应付账款账龄报表

进行一次账龄分析。这样可以更全面地了解季度内的账款情况，并采取相应的管理措施。

（3）半年度或年度分析　对于一些账款量较少或供应商关系相对稳定的酒店，可以选择每半年或每年进行一次账龄分析。这样可以更长期地观察账款的变化趋势，并及时进行供应商关系的调整和优化。

无论选择何种频率，关键是要确保账龄分析的时间间隔合理，并与酒店的供应商付款周期相匹配。同时，应付账款账龄分析应与其他财务报表和分析相结合，以全面了解酒店的财务状况和供应商的付款情况。

（四）分析酒店应付账款账龄的目的和意义

（1）了解供应商付款情况　通过账龄分析，酒店可以及时了解供应商的付款情况，包括逾期付款和长期逾期付款的情况。这有助于识别哪些供应商存在付款问题，及时采取相关措施解决，并维护供应商关系。

（2）优化财务管理　应付账款账龄分析可以帮助酒店评估和优化财务管理效率。通过分析不同账龄段的账款占比，可以确定付款流程中存在的瓶颈和问题，并采取措施加以改进，提高付款效率和减少逾期付款的风险。

（3）风险管理　及时监控和分析应付账款账龄可以帮助酒店降低潜在的财务风险。逾期付款可能导致供应商关系紧张，甚至中断供应，影响酒店的正常运营。通过账龄分析，酒店可以识别潜在的风险，并采取相关措施降低逾期付款的风险。

（4）维护供应商关系　良好的供应商关系对酒店的运营非常重要。通过及时了解供应商的付款情况，并采取催款或解决措施，酒店可以维护良好的供应商关系，确保供应商的持续供货和合作。

（5）改善现金流管理　逾期付款会对酒店的现金流产生负面影响。通过账龄分析，酒店可以及时发现逾期付款情况，并采取措施加快付款流程，改善现金流管理，确保酒店的资金充足和正常运营。

（五）逾期或长期逾期的应付账款的解决措施

（1）沟通和解释　与供应商积极沟通，解释逾期或长期逾期的原因，并提供相关的解释和证明文件。确保沟通清晰、透明，并说明酒店对付款业务的重视和承诺。

（2）协商付款安排　与供应商进行协商，共同制定付款安排，以分期付款或延期付款的方式逐步偿还欠款。确保协商的付款安排合理，并能够满足供应商的需求，同时也符合酒店的财务状况。

（3）优先支付关键供应商　如果酒店的资金状况允许，可以考虑优先支付关键供应商的欠款。关键供应商指的是对酒店运营至关重要的供应商，如食品供应商或维护设备的供应商。这有助于维护良好的供应商关系，并确保业务的正常运转。

（4）提供替代方案　如果酒店暂时无法全额偿还欠款，可以与供应商协商提供替代方案。例如，提供产品或服务的折扣或额外的优惠，以弥补部分欠款。这有助于维持供应链的稳定性，并展示酒店的合作意愿。

（5）定期更新付款计划　与供应商共同制定并更新付款计划，确保逐步偿还欠款，并遵守协商的付款安排。定期与供应商沟通，跟踪付款进度，并及时解决可能出现的问题或调整计划。

（6）保持良好的合作关系　尽量保持与供应商的良好合作关系，积极沟通和解决问题。及时回复供应商的催款函或提醒，展示酒店的诚意和努力。这有助于维护供应商关系，并为未来的合作奠定基础。

在处理供应商催缴逾期或长期逾期的应付账款时，酒店应着重于沟通、协商和合作，以寻求双方都能接受的解决方案。重要的是保持透明度和诚信，并努力维护供应商关系的稳定性。

（六）酒店应付针对现金流量的策略

（1）紧密监控现金流　酒店应该密切监控自身的现金流状况，包括收入和支出的情况。这可以通过建立有效的财务管理系统和预算制度来实现。定期进行现金流预测和分析，以了解可用资金的情况。

（2）优先支付重要费用　酒店应优先支付对业务至关重要的费用，如员工工资、税费和关键供应商的欠款。确保这些费用得到及时支付，以保持业务的正常运转。

（3）延期付款协商　如果酒店的现金流状况较紧张，可以与供应商协商延期付款的安排。与供应商进行积极的沟通，解释酒店的现金流情况，并寻求他们的理解和支持。确保协商的付款安排合理，并能够满足供应商的需求。

（4）灵活管理账期　与供应商协商灵活的账期安排，以便更好地管理现金流。可以与供应商商定延长账期或调整账期的方式，使付款日期与酒店的现金流状况相匹配。

（5）预留资金用于应急　酒店应预留一定的资金用于应急情况，如突发维修费用或不可预见的支出。这有助于应对意外情况，并保持现金流的稳定性。

（6）资金筹措和管理　酒店可以采取一些措施来筹措和管理资金，如优化储备金的利用、寻求贷款或融资、加强账款回收和控制成本等。确保资金的充足和有效运用。

酒店在支付应付账款时应综合考虑自身的现金流状况，并采取相应的措施来管理和优化现金流。重要的是保持与供应商的良好沟通，并寻求双方都能接受的解决方案，以确保资金的合理运用和业务的正常运转。

三、理论知识考核

1.【判断题】应付账款账龄是指供应商向酒店提供商品或服务后，酒店支付账款的时间间隔。（　　）

2.【判断题】酒店应付账款账龄越长，表明酒店与供应商的合作关系越好。（　　）

3.【判断题】酒店应付账款账龄的延长可能会导致供应商对酒店的信任度下降。（　　）

4.【判断题】应付账款账龄的管理可以帮助酒店控制现金流，减少逾期支付的风险。（　　）

5.【判断题】应付账款账龄的延长可能会导致酒店面临供应商的催款和追债行为。（　　）

6.【单选题】以下哪个选项描述了应付账款账龄的计算方式。（　　）

A. 酒店下单日期到供应商发货日期的时间间隔

B. 供应商提供商品或服务的日期到酒店下单日期的时间间隔

C. 供应商提供商品或服务的日期到酒店支付账款日期的时间间隔

D. 酒店下单日期到酒店支付账款日期的时间间隔

7.【单选题】针对逾期应付账款采取的措施不包括（　　）。

A. 供应商不催款前冷处理　　B. 提供替代方案

C. 积极沟通协商付款安排　　D. 更新付款计划

8.【单选题】酒店应付账款账龄的延长可能会导致以下哪个问题。（　　）

A. 供应商提供商品或服务的质量下降　　B. 供应商对酒店的信任度下降

C. 酒店的销售额增加　　D. 酒店的利润率提高

9.【单选题】应付账款账龄的延长可能会导致酒店面临以下哪个风险。（　　）

A. 供应商提供商品或服务的质量下降　　B. 酒店现金流的增加

C. 供应商对酒店的信任度提高　　D. 酒店的市场份额增加

10.【单选题】酒店应付账款对酒店现金流的影响不包括（　　）。

A. 支付应付账款将直接减少酒店的现金流

B. 酒店不必预留足够的现金用于支付应付账款

C. 应付账款的金额和支付时间将影响酒店的现金流预测

D. 如果酒店与供应商协商延期付款，这可能对现金流产生积极影响

四、技能训练

（一）实训任务单

任务描述	某酒店当月的应付账款如下： 1. 食品酒水类当月应付6万元，上个月应付8万元逾期至今； 2. 需要紧急采购一台前台制卡机，供应商要求先预付1万元再发货； 3. 外包公司劳务费当月应付10万元，上上个月应付10万元及上个月应付10万元均逾期至今，根据合同每逾期一日需应付2‰违约金； 月底需要支付水电燃气费共30万元，应付职工薪酬福利300万元，假设第1、3项的付款日在当月15日之前不算逾期，酒店公账当月15日之前银行存款仅为35万元，预计月底酒店会有应收账款200万元进账。 要求： 1. 根据以上应付账款编制应付账款账龄报表； 2. 以小组为单位提出合理的应付账款支付方案	
实训目的	1. 通过编制应付账款账龄报表统筹管理所有应付账款的支付，使其相关数据可视化，分析逾期原因并提出解决方案； 2. 总结现金流与应付账款二者之间的联系	
任务分析	重点	根据相关材料编制应付账款账龄报表
	难点	根据现金流合理分配应付账款支付
任务时长	1小时	

（二）实训准备

1. 参考一些应付账款账龄报表，观察报表内容及相关指标，运用Excel表格制作。
2. 明确应付账款账龄的核算方法。
3. 查阅酒店应付账款支付规律及其影响因素等资料。
4. 组建小组，分配相关任务。

（三）操作步骤

1. 根据资料核算相关供应商应付账款账龄，以表格形式统计，包括应付账款额度、付款期内额度，按30天内、60天内、90天内核算逾期额度。

2. 通过小组讨论，根据资料中酒店银行存款额度及其他应付账款额度提出应付账款支付的最优方案。

（四）操作要点说明

1. 应付账款报表内容应包括供应商基本信息、目前应付总额度、付款期内额度及比例、逾期额度及比例。

2. 方案中体现支付优先顺序并解释其理由，方案整体兼顾酒店正常运营与供应商关系维护的平衡。

（五）实训过程记录

1. 技能练习

项目	内容
编制应付账款账龄报表	
提出应付账款支付方案	

2. 问题讨论

（1）外包公司的逾期违约金是多少？如何与外包公司协商处理这笔应付账款？

（2）酒店每天或多或少均会有收入进账，材料中的逾期应付账款产生的原因是什么？

五、课后拓展任务

某酒店市场销售部采购一批客户礼品，供应商报价为20万元，付款条件为“3/10、2.5/30、1.5/60、*n*/90”。目前酒店用于支付账款的资金需要在90天后才能周转回来。如果在90天内付款，酒店只能通过银行短期借款来解决。假定当期银行6个月内年利率为4.35%，酒店应在何时支付此笔款？

项目七
酒店税金管理

项目描述

税收征收管理是国家税务机关依照税收政策、法令、制度对税收分配全过程所进行的计划、组织、协调和监督。我国企业目前涉及应缴纳税种主要有增值税、城市维护建设税、教育费附加、印花税、消费税、关税、车船税、企业所得税等。要想使企业在竞争中立于不败之地，除好的经营决策外，加强企业的税金管理也非常重要。

本项目将为大家介绍酒店行业主要涉及缴纳的税务种类、各税种的特点、计税基础、税率、税务核算、税务申报程序等内容。

学习目标

❶ 知识目标

（1）了解我国酒店行业现行税制概况。

（2）理解我国酒店行业主要涉及的税种及含义。

（3）掌握我国各税种应纳税额的计算。

❷ 能力目标

（1）能够将酒店行业日常工作与税法基础知识衔接起来。

（2）能够根据酒店行业的业务种类判断税种。

（3）能够正确计算各税种的应纳税额。

❸ 思政目标

（1）遵守国家相关税法条款。

（2）培养依法纳税、诚信纳税的基本意识。

（3）培养严谨、诚信的职业品质和良好的职业道德。

任务1　增值税计算及缴纳

一、任务导入

随着我国营改增的实施，我国酒店行业于2016年5月1日，开始执行增值税的税收政策，增值税的课税对象是酒店生产经营过程中取得的增值额。依法纳税是每个企业应尽的义务，曾有某企业通过将现金收款营业额存入个人账户等手段隐匿销售收入，进行虚假申报，少缴增值税等税费85.95万元，税务稽查部门依据《中华人民共和国行政处罚法》《中华人民共和国税收征收管理法》等相关规定，对其依法追缴少缴税费、加收滞纳金并处罚款，共计159.13万元，所以企业一定要依法缴纳税款。酒店行业的增值部分主要有：餐饮收入、客房收入、会议收入、销售商品收入等，那么酒店行业的这些收入的计税基础、适用的税率是多少？并如何申报缴纳呢？

思考：酒店应缴纳的税率是多少？

酒店税金管理原则微课

二、理论知识

（一）增值税的概念

增值税是以商品（含应税劳务）在流转过程中产生的增值额作为计税依据而征收的一种流转税。从计税原理上说，增值税是对商品生产、流通、劳务服务中多个环节的新增价值或商品的附加值征收的一种流转税。实行价外税，也就是由消费者负担，有增值才征税，没增值不征税。

（二）增值税的计税基础

对一般纳税人发生的销售额征税，同时纳税人购进项目所含进项税额可以抵扣。当期销项税额抵扣当期进项税额后的余额为应纳增值税额，计算公式如下：

当期应纳增值税额=当期销项税额-当期进项税额

当期销项税额小于当期进项税额不足抵扣时，其不足的部分可以结转下期继续抵扣或留抵退税。

（三）酒店收入构成及适用的增值税税率

增值税税率是按照应税交易的整体税负设计的，用应税交易的销售额乘以增值税税率，为该交易在这一环节所负担的全部增值税额。酒店行业收入种类繁多，应根据不同的收入类型来计算缴纳税款（表7-1）。

表7-1　酒店收入种类及适用税率

收入种类	税率
住宿收入	6%
餐饮收入	6%
美容、美发、按摩等服务收入	6%
停车费收入	9%
酒店内场地出租给其他单位或个人做卖场等收入	9%
电话费收入	9%
动产租赁收入	13%

（四）增值税发票

我国税务总局的发票种类主要有：增值税专用发票、增值税普通发票、机动车销售统一发票、收费公路通行费电子票据。

1. 增值税纸质专用发票

增值税纸质专用发票由基本联次或基本联次附加其他联次构成，基本联次为三联：发票联、抵扣联和记账联。其他联次用途由纳税人自行确定。

纳税人在开具增值税纸质专用发票当月，发生销货退回、开票有误等情形，收到退回的发票联、抵扣联符合作废条件的，按作废处理；开具时发现有误的，可即时作废（全联次留存）。

同时具有下列情形的，为本条所称作废条件：

（1）收到退回的发票联、抵扣联，且时间未超过销售方开票当月。

（2）销售方未抄税且未记账。

（3）购买方未认证，或者认证结果为“纳税人识别号认证不符”“增值税专用发票代码、号码认证不符”。

2. 增值税纸质普通发票

增值税纸质普通发票基本联次为两联：第一联为记账联，是销售方记账凭证。第二联为发票联，是购买方记账凭证。其他联次用途由纳税人自行确定。

纳税人开具增值税纸质普通发票后，如发生销货退回、开票有误、应税服务中止等情形但不符合发票作废条件，或者因销货部分退回及发生销售折让，需要开具红字发票的，应收回原发票并注明“作废”字样或取得对方有效证明。

（五）增值税的特点及优点

1. 增值税的特点

（1）不重复征税，具有中性税收的特征。

（2）逐环节征税，最终消费者承担全部税款。

（3）税基广阔，具有征收的普遍性和连续性。

2. 增值税的优点

（1）能够平衡税负，促进公平竞争。

（2）既便于对出口商品退税，又可避免对进口商品征税不足。

（3）在组织财政收入上具有稳定性和及时性。

（4）在税收征管上可以互相制约，交叉审计。

（六）增值税进项税额管理

进项税额是酒店行业购进货物、加工修理修配劳务、服务、无形资产、不动产，支付或者负担的增值税额。其中辅导期一般纳税人应当在“应交税费”科目下增设“待抵扣进项税额”明细科目，核算尚未交稽查局和比对的增值税专用发票抵扣联。

准予抵扣的进项税额包括：

（1）增值税专用发票（包括税务局代开专用发票）。

（2）增值税电子普通发票、通行费增值税电子普通发票、国内旅客运输服务增值税电子普通发票。

（3）海关进口增值税专用缴款书。

（4）机动车销售统一发票。

（5）完税凭证。

（七）增值税销项税额管理

销项税额是指酒店行业销售货物、劳务、服务、无形资产或者不动产，按照销售额和税法规定的税率计算收取的增值税额。

销售额为纳税人销售货物、提供应税劳务、销售服务、无形资产或者不动产，向购买方收取的全部价款和价外费用，其中价外费用包括销售方在价外向购买方收取的手续费、补贴、基金、集资费、返还利润、奖励费、违约金、滞纳金、延期付款利息、赔偿金、代收款项、代垫款项、包装费、包装物租金、储备费、优质费、运输装卸费以及其他各种性质的价外收费。

（八）纳税申报

酒店行业的纳税申报方式及注意事项

纳税申报是指酒店行业按照税法规定定期或按次就计算缴纳税款的有关事项向税务机关提出的书面报告。其中纳税申报的方式包括：自行申报、邮寄申报、数据电文申报、代理申报。

在实际申报时一定注意，不论酒店当期是否发生纳税义务，除经税务机关批准外，均应按规定办理纳税申报或者报送代扣代缴、代收代缴税款报告表。如按照规定的期限办理纳税申报表确有困难，需要延期的，应当在规定的期限内向酒店的主管税务机关提出书面延期申请，经税务机关核准，在核准的期限内办理。

具体申报征期：如果酒店以一个月、一个季度或者半年为一个计税期间，自期限之日起十五日内申报纳税；以十日或者十五日为一个计税期间的，自期满之日起五日内预交税款，于次月一日起十五日内社保纳税并结清上月税款。

增值税及附加税费申报表如表7-2所示。

表7-2　增值税及附加税费申报表

增值税及附加税费申报表

（一般纳税人适用）

根据国家税收法律法规及增值税相关规定制定本表。纳税人不论有无销售额，均应按税务机关核定的纳税期限填写本表，并向当地税务机关申报。

税款所属时间：自　　年　　月　　日至　　年　　月　　日　　　　填表日期：　　年　　月　　日

金额单位：　　　　　　元（列至角分）

纳税人识别号（统一社会信用代码）：□□□□□□□□□□□□□□□□□□□□　　所属行业：

<table>
<tr><td colspan="2">纳税人名称：</td><td>法定代表人姓名</td><td></td><td>注册地址</td><td>生产经营地址</td><td></td></tr>
<tr><td colspan="2">开户银行及账号</td><td></td><td>登记注册类型</td><td></td><td>电话号码</td><td></td></tr>
<tr><td colspan="2" rowspan="2">项目</td><td rowspan="2">栏次</td><td colspan="2">一般项目</td><td colspan="2">即征即退项目</td></tr>
<tr><td>本月数</td><td>本年累计</td><td>本月数</td><td>本年累计</td></tr>
<tr><td rowspan="10">销售额</td><td>（一）按适用税率计税销售额</td><td>1</td><td></td><td></td><td></td><td></td></tr>
<tr><td>其中：应税货物销售额</td><td>2</td><td></td><td></td><td></td><td></td></tr>
<tr><td>应税劳务销售额</td><td>3</td><td></td><td></td><td></td><td></td></tr>
<tr><td>纳税检查调整的销售额</td><td>4</td><td></td><td></td><td></td><td></td></tr>
<tr><td>（二）按简易办法计税销售额</td><td>5</td><td></td><td></td><td></td><td></td></tr>
<tr><td>其中：纳税检查调整的销售额</td><td>6</td><td></td><td></td><td></td><td></td></tr>
<tr><td>（三）免、抵、退办法出口销售额</td><td>7</td><td></td><td></td><td>—</td><td>—</td></tr>
<tr><td>（四）免税销售额</td><td>8</td><td></td><td></td><td>—</td><td>—</td></tr>
<tr><td>其中：免税货物销售额</td><td>9</td><td></td><td></td><td>—</td><td>—</td></tr>
<tr><td>免税劳务销售额</td><td>10</td><td></td><td></td><td>—</td><td>—</td></tr>
<tr><td rowspan="9">税款计算</td><td>销项税额</td><td>11</td><td></td><td></td><td></td><td></td></tr>
<tr><td>进项税额</td><td>12</td><td></td><td></td><td></td><td></td></tr>
<tr><td>上期留抵税额</td><td>13</td><td></td><td></td><td></td><td>—</td></tr>
<tr><td>进项税额转出</td><td>14</td><td></td><td></td><td></td><td></td></tr>
<tr><td>免、抵、退应退税额</td><td>15</td><td></td><td></td><td>—</td><td>—</td></tr>
<tr><td>按适用税率计算的纳税检查应补缴税额</td><td>16</td><td></td><td></td><td>—</td><td>—</td></tr>
<tr><td>应抵扣税额合计</td><td>17=12+13-14-15+16</td><td></td><td>—</td><td></td><td>—</td></tr>
<tr><td>实际抵扣税额</td><td>18（如17<11，则为17，否则为11）</td><td></td><td></td><td></td><td></td></tr>
<tr><td>应纳税额</td><td>19=11-18</td><td></td><td></td><td></td><td></td></tr>
</table>

续表

税款计算	期末留抵税额	20=17-18				—
	简易计税办法计算的应纳税额	21				
	按简易计税办法计算的纳税检查应补缴税额	22			—	—
	应纳税额减征额	23				
	应纳税额合计	24=19+21-23				
税款缴纳	期初未缴税额（多缴为负数）	25				
	实收出口开具专用缴款书退税额	26			—	—
	本期已缴税额	27=28+29+30+31				
	①分次预缴税额	28		—		—
	②出口开具专用缴款书预缴税额	29		—	—	—
	③本期缴纳上期应纳税额	30				
	④本期缴纳欠缴税额	31				
	期末未缴税额（多缴为负数）	32=24+25+26-27				
	其中：欠缴税额（≥0）	33=25+26-27		—		—
	本期应补（退）税额	34＝24-28-29		—		—
	即征即退实际退税额	35	—	—		
	期初未缴查补税额	36			—	—
	本期入库查补税额	37			—	—
	期末未缴查补税额	38=16+22+36-37			—	—
附加税费	城市维护建设税本期应补（退）税额	39			—	—
	教育费附加本期应补（退）税额	40			—	—
	地方教育附加本期应补（退）税额	41			—	—

声明：此表是根据国家税收法律法规及相关规定填写的，本人（单位）对填报内容（及附带资料）的真实性、可靠性、完整性负责。

纳税人（签章）：　　　　日期：　　年　　月　　日

经办人： 经办人身份证号： 代理机构签章： 代理机构统一社会信用代码：	受理人： 受理税务机关（章）：　　受理日期：　　年　　月　　日

三、理论知识考核

1.【判断题】增值税纸质普通发票由基本联次或基本联次附加其他联次构成。（　　）

2.【判断题】海关进口增值税专用缴款书不可用作进项税额抵扣。（　　）

3.【判断题】纳税人当期没有取得应税收入或所得的（即没有发生纳税义务），暂不进行纳税申报。（　　）

4.【单选题】某酒店为一般纳税人，餐饮收入的增值税率为（　　）。

A．3%　　B．6%　　C．9%　　D．13%

5.【单选题】某酒店以一个月为一个计税期间，自期限之日起（　　）内申报纳税。

A．5天　　B．10天　　C．15天　　D．20天

6.【单选题】某酒店为一般纳税人，2023年5月取得客房收入106万元（不考虑其他收入），当月的销项税额为（　　）。

A．5万元　　B．6万元　　C．6.36万元　　D．8.75万元

四、技能训练

（一）实训任务单

任务描述	增值税的申报缴纳	
实训目的	了解酒店增值税申报缴纳实操流程	
任务分析	重点	缴纳申报后一定要清零解锁（清卡），以便下个月正常开票
	难点	熟悉开票软件，正确填写申报数据
任务时长	1小时	

（二）实训准备

开票软件、电子税务局。

（三）操作步骤

1．抄报税：纳税人在征税期内登录开票软件抄税，并通过网上抄报，向税务机关上传上月开票数据。

2．缴纳申报：纳税人登录电子税务局进行网上申报，网上申报成功并通过税银联网实时扣缴税款。

3．清零解锁：申报成功后，纳税人返回开票系统对税控设备进行清零结算（清卡）。

（四）操作要点说明

1．如果纳税人无税控设备，由税务局代开发票，则只需要操作第二步，纳税税款时和税务机关代开发票数据进行比对，比对成功后即可申报。

2．实际抵扣核销的进项税额要与账上核对，确保税额正确。

（五）实训过程记录

1. 技能练习

项目	内容
抄报税	
网上增值税申报	
扣缴税款	
对数控设备进行清零	

2. 问题讨论

（1）企业是否按时进行了增值税申报？如果逾期申报，会有哪些影响和处罚？

（2）企业在申报增值税时，如何正确处理进项税额的抵扣？是否存在无法抵扣的情况？

（3）企业如何利用电子税务局等线上平台提高增值税申报的便捷性和效率？

五、课后拓展任务

1. 请根据酒店的实际业务，判断哪些进项税可以抵扣，哪些不允许抵扣。

2. 请登录电子税务局，进行酒店的进项票的认证并与上月实际发生的进项票进行核对。

任务2　其他税费的计算及缴纳

一、任务导入

酒店行业除缴纳增值税外，日常经营活动中一般还会涉及城市维护建设税、教育费附加、印花税、企业所得税等相关税费。日常工作中我们应当熟悉各税种的特点、计税依据、适用的税率以及纳税时间。

思考：酒店应缴纳的税种涉及哪几种？

二、理论知识

（一）城市维护建设税

城市维护建设税是对缴纳增值税、消费税的单位和个人征收的一种税。凡缴纳增值税、消费税的单位和个人，为城市维护建设税的纳税人。

1. 城市维护建设税的特点

（1）税款专款专用。

（2）属于附加税。

（3）根据城镇规模设计税率。

（4）征收范围较广。

2. 城市维护建设税的计税依据

城市维护建设税的计税依据是纳税人实际缴纳的增值税、消费税税额。

3. 城市维护建设税的税率

城市维护建设税税率采用地区差别比例税率，共分三档，纳税人在不同的地区适用的税率档次也不相同（表7-3）。

表7-3 城市维护建设税税率

档次	纳税人所在地	税率
1	城市市区；撤县建市	7%
2	县城、镇	5%
3	不在城市市区、县城、镇	1%

4. 城市维护建设税的计算公式

应纳税额=（实际缴纳的增值税税额+实际缴纳的消费税税额）×适用税率

纳费人申报缴纳增值税、消费税同时，申报、缴纳城市维护建设税。

城市维护建设税税费申报表详见表7-4增值税及附加税费申报表附列资料。

（二）教育费附加

教育费附加是以单位和个人缴纳的增值税、消费税税额为计算依据征收的一种附加费。教育费附加比率为3%；地方教育附加的计征比率为2%。

1. 教育费附加的特点

（1）专款专用。

（2）属于附加税。

（3）征收范围较广。

2. 教育费附加的计税依据

教育费附加的计税依据是纳税人实际缴纳的增值税、消费税税额。

3. 教育费附加的计算公式

应纳教育费附加=（实际缴纳的增值税税额+实际缴纳的消费税税额）×3%

应纳地方教育费附加=（实际缴纳的增值税税额+实际缴纳的消费税税额）×2%

纳费人申报缴纳增值税、消费税同时，申报缴纳教育费附加。

教育费附加税费申报表详见表7-4增值税及附加税费申报表附列资料。

表7-4　增值税及附加税费申报表附列资料

增值税及附加税费申报表附列资料（五）

（附加税费情况表）

税（费）款所属时间：　　年　　月　　日至　　年　　月　　日

纳税人名称：（公章）　　　　金额单位：元（列至角分）

<table>
<tr><td colspan="2" rowspan="2">税（费）种</td><td colspan="3">计税（费）依据</td><td></td><td rowspan="2">本期应纳税（费）额</td><td colspan="2">本期减免税（费）额</td><td colspan="2">试点建设培育产教融合型企业</td><td rowspan="2">本期已缴税（费）额</td><td rowspan="2">本期应补（退）税（费）额</td></tr>
<tr><td>增值税税额</td><td>增值税免抵税额</td><td>留抵退税本期扣除额</td><td>税（费）率（%）</td><td>减免性质代码</td><td>减免税（费）额</td><td>减免性质代码</td><td>本期抵免金额</td></tr>
<tr><td colspan="2"></td><td>1</td><td>2</td><td>3</td><td>4</td><td>5=（1+2-3）×4</td><td>6</td><td>7</td><td>8</td><td>9</td><td>10</td><td>11=5-7-9-10</td></tr>
<tr><td>城市维护建设税</td><td>1</td><td></td><td></td><td></td><td></td><td></td><td></td><td></td><td>—</td><td>—</td><td></td><td></td></tr>
<tr><td>教育费附加</td><td>2</td><td></td><td></td><td></td><td></td><td></td><td></td><td></td><td></td><td></td><td></td><td></td></tr>
<tr><td>地方教育附加</td><td>3</td><td></td><td></td><td></td><td></td><td></td><td></td><td></td><td></td><td></td><td></td><td></td></tr>
<tr><td>合计</td><td>4</td><td>—</td><td>—</td><td>—</td><td>—</td><td></td><td>—</td><td></td><td>—</td><td></td><td></td><td></td></tr>
<tr><td colspan="5" rowspan="3">本期是否适用试点建设培育产教融合型企业抵免政策</td><td colspan="2" rowspan="3">□是　□否</td><td colspan="4">当期新增投资额</td><td>5</td><td></td></tr>
<tr><td colspan="4">上期留抵可抵免金额</td><td>6</td><td></td></tr>
<tr><td colspan="4">结转下期可抵免金额</td><td>7</td><td></td></tr>
<tr><td colspan="7" rowspan="3">可用于扣除的增值税留抵退税额使用情况</td><td colspan="4">当期新增可用于扣除的留抵退税额</td><td>8</td><td></td></tr>
<tr><td colspan="4">上期结存可用于扣除的留抵退税额</td><td>9</td><td></td></tr>
<tr><td colspan="4">结转下期可用于扣除的留抵退税额</td><td>10</td><td></td></tr>
</table>

（三）印花税

印花税是以经济活动和经济交往中，书立、使用、领受应税凭证的行为为征税对象征收的一种税。因纳税人主要是在应税凭证上粘贴印花税票来完成纳税义务，故名印花税。

1. 印花税的特点

（1）兼有凭证税和行为税性质。

（2）征税范围广泛。

（3）税率低、税负轻。

（4）由纳税人自行完成纳税义务。

2. 印花税的计税依据

（1）应税合同的计税依据为合同列明的价款或者报酬，不包括增值税税款；合同中价款或者报酬与增值税税款未分开列明的，按照合计金额计算缴纳税款。

（2）税产权转移书据（财产所有权、版权、商标专用权、专利权、专有技术使用权等）的计税依据为产权转移书据列明的价款，不包括增值税税款，产权转移书据中价款与增值税税款未分开列明的，按照合计金额计算缴纳税款。

（3）应税营业账簿的计税依据为营业账簿记载的实收资本（股本）、资本公积合计金额。

3. 印花税的税率类型

印花税的税率类型分比例税率和定额税率两类，如表7-5所示。

表7-5　印花税税率类型

税率类型	项目	具体税率
比例税率	财产租赁合同、财产保险合同、仓储保管合同、股权转让（出让方单边征收）	1‰
	加工承揽合同、建设工程勘察设计合同货物运输合同、产权转移书据、营业账簿中记载资金的账簿	0.5‰
	购销合同、建筑安装工程承包合同、技术合同	0.3‰
	借款合同	0.05‰
定额税率	房屋产权证、工商营业执照、商标注册证、专利证、土地使用证、其他营业账簿	5元/件

注：自2018年5月1日起，对按0.5‰贴花的资金账簿减半征收印花税，对按件5元贴花的其他账簿免征印花税。

4. 印花税的计算公式

适用比例税率的应税凭证：应纳税额=计税金额×比例税率

适用定额税率的应税凭证：应纳税额=凭证件数×固定税额

5. 印花税的纳税时间

应当在书立或领受时贴花。具体是指，在合同签订时、账簿启用时和证照领受时贴花，印花税一般实行就地纳税。

6. 印花税的缴纳方法

（1）一般纳税方法　自行计算应纳税额，自行购买印花税票，自行一次贴足印花税票并加以注销或画销。

【提示1】购买印花税票不等于履行了纳税义务。

【提示2】对国家政策性银行记载资金的账簿，一次贴花数额较大、难以承担的，经核准可在3年内分次贴足。

（2）简化纳税方法　纳税人以缴款书或完税证代替贴花的方法：当一份凭证应纳税额超过500元时，应向税务机关申请填写缴款书或者完税证。

（四）企业所得税

企业所得税，又称公司所得税或者法人所得税，企业所得税是对我国境内的企业和其他取得收入的组织的生产经营所得和其他所得征收的所得税。

1. 企业所得税的特点

（1）通常以净所得为征税对象。

（2）通常以经过计算得出的应纳税所得额为计税依据。

（3）纳税人和实际负担人通常是一致的。

2. 企业所得税的计税依据

企业所得税的计税依据是应纳税所得额，而非收入总额。按照企业所得税法的规定，应纳税所得额为企业每一个纳税年度的收入总额，减除不征税收入、免税收入、各项扣除以及允许弥补的以前年度亏损后的余额。在计算应纳税所得额时，需要进行纳税调整，企业财务会计制度的项目范围和税收法规的项目范围不同以及二者的扣除标准上存在差异，当税会出现差异时，应当依照税法要求进行计算。

3. 企业所得税的计算公式

应纳税所得额=收入总额-不征税收入-免税收入-各项扣除-允许弥补的以前年度亏损（直接法）

应纳税所得额=利润总额 ± 纳税调整额（间接法）

酒店行业需要缴纳所得税的收入总额包括主营业务收入、转让财产收入、股息红利收入、利息收入、特许权转让费收入、租金收入等。

酒店行业实际发生的与取得收入有关的、合理的支出，准予在计算应纳税所得额时扣除。酒店发生的支出，应取得税前扣除凭证，作为计算企业所得税应纳税所得额时扣除相关支出的依据。扣除凭证是指在计算企业所得税应纳税所得额时，证明与取得收入有关的、合理的支出实际发生并据以税前扣除的各类凭证。酒店应在当年度企业所得税法规定的汇算清缴期结束前取得税前扣除凭证（表7-6）。

表7-6　准予扣除项目

合理支出	内容
成本	是指企业在生产经营活动中发生的成本、业务支出以及其他耗费
费用	是指企业在生产经营活动中发生的销售费用、管理费用和财务费用，已经计入成本的有关费用除外
税金	是指企业发生的除企业所得税和允许抵扣的增值税以外的各项税金及其附加
损失	①企业发生的损失，减除责任人赔偿和保险赔款后的余额，依照国务院财政、税务主管部门的规定扣除。 ②企业已经作为损失处理的资产，在以后纳税年度又全部收回或者部分收回时，应当计入当期收入
捐赠	①当期实际发生的公益性捐赠支出在年度利润总额12%以内（含）的，准予扣除，超过部分，准予结转以后三年内在计算应纳税所得额时扣除。 ②非公益性捐赠，不得扣除

续表

合理支出	内容
工资	①企业实际发生的合理的职工工资薪金，准予在税前扣除。包括基本工资、奖金、津贴、补贴、年终加薪、加班工资，以及与任职或者受雇有关的其他支出。 ②企业按照国务院有关主管部门或省级人民政府规定的范围和标准为职工缴纳的基本医疗保险费、基本养老保险费、失业保险费、工伤保险费、生育保险费等基本社会保险费和住房公积金，准予税前扣除。 ③企业提取的年金，在国务院财政、税务主管部门规定的标准范围内，准予扣除。 ④企业为其投资者或雇员个人向商业保险机构投保的人寿保险、财产保险等商业保险，需区别对待：依照国家有关规定为特殊工种职员支付的人身安全保险费和国务院财政、税务主管部门规定可以扣除的商业保险费，可以扣除；其他商业保险费，不得扣除。 ⑤企业按国家规定为特殊工种职工支付的法定人身安全保险费，准予扣除
职工福利	企业发生的满足职工共同需要的集体生活、文化、体育等方面的职工福利费支出，不超过工资薪金总额14%的部分，准予扣除
工会经费	企业拨缴的工会经费，不超过工资薪金总额2%的部分，准予扣除
教育费附加	除国务院财政、税务主管部门另有规定外，企业实际发生的职工教育经费支出，在职工工资总额8%（含）以内的，准予据实扣除。超过部分，准予在以后纳税年度结转扣除
业务招待费	企业实际发生的与经营活动有关的业务招待费，按实际发生额的60%扣除，但最高不得超过当年销售（营业）收入额的0.5%
广告宣传费	企业每一纳税年度实际发生的符合条件的广告支出，不超过当年销售（营业）收入15%（含）的部分准予扣除，超过部分准予在以后年度结转扣除
利息支出	①企业为购置、建造固定资产、无形资产和经过12个月以上的建造才能达到预定可销售状态的存货而发生的借款，在有关资产购建期间发生的借款费用，应作为资本性支出计入有关资产的成本；有关资产竣工结算并交付使用后或达到预定可销售状态后发生的借款费用，可在发生当期扣除。 ②企业发生的不需要资本化的借款费用，符合税法和本条例对利息水平限定条件的，准予扣除
环保等专项基金及费用的扣除	①专项资金支出。 ②两类特别保险支出

酒店行业企业所得税前扣除的项目包括：

（1）向投资者支付的股息、红利等权益性投资收益款项。

（2）企业所得税税款。

（3）税收滞纳金，是指纳税人、扣缴义务人违反税收法律、法规，被税务征收机关加收的滞纳金。

（4）罚金、罚款和被没收财物的损失，是指纳税人违反国家有关法律法规规定，被有关部门处以的罚金、罚款和被没收财物。

（5）超过《中华人民共和国企业所得税法》第九条规定以外的捐赠支出。

（6）赞助支出，是指企业发生的与生产经营活动无关的各种非广告性质支出。

（7）未经核定的准备金支出，指不符合国务院财政、税务主管部门规定的各项资产减值准备、风险准备等准备金支出。

（8）企业之间支付的管理费、企业内营业机构之间支付的租金和特许权使用费，以及非银行企业内营业机构之间支付的利息，不得扣除。

（9）与取得收入无关的其他支出。

酒店某一纳税年度发生的亏损可以用下一年度的所得弥补，下一年度的所得不足以弥补的，可以逐年延续弥补，但最长不得超过5年。

4. 企业所得税的税率

根据《中华人民共和国企业所得税法》第四条规定，企业所得税基本税率为25%，这是普适的税率标准。但是对于符合小型微利企业条件的酒店税率可下降至20%，适用20%税率的小型微利企业的条件为：

（1）应纳税所得额不超过300万元。

（2）从业人数不超过300人。

（3）资产总额不超过5000万元。

（4）非限制和禁止行业。

（5）查账收入或者核定征收均可享受优惠。

5. 企业所得税的管理

（1）企业所得税申报缴纳时间　企业所得税按年计征，分月或分季预缴，年终汇算清缴，多退少补。

（2）预缴税款　企业应自月份或季度终了之日起15日内，向税务机关报送预缴企业所得税纳税申报表，预缴税款（纳税期限的最后一日如果是法定休假日则以休假日的次日为限期的最后一日；在期限内如有连续3日以上法定休假日的则按休假日天数顺延）。

（3）缴纳税款　①企业应自年度终了之日起5个月内，向税务机关报送企业所得税年度纳税申报表（表7-7），并汇算清缴，结清应缴应退税款。②企业在年度中间终止经营活动的，应当自实际经营终止之日起60日内，向税务机关办理当期企业所得税汇算清缴。

表7-7　中华人民共和国企业所得税年度纳税申报表（A类）

行次	类别	项目	金额
1	利润总额计算	一、营业收入（填写A101010/101020/103000）	0.00
2		减：营业成本（填写A102010/102020/103000）	0.00
3		减：税金及附加	0.00
4		减：销售费用（填写A104000）	0.00
5		减：管理费用（填写A104000）	0.00
6		减：财务费用（填写A104000）	0.00
7		减：资产减值损失	0.00
8		加：公允价值变动收益	0.00
9		加：投资收益	0.00
10		二、营业利润（1-2-3-4-5-6-7+8+9）	0.00
11		加：营业外收入（填写A101010/101020/103000）	0.00
12		减：营业外支出（填写A102010/102020/103000）	0.00
13		三、利润总额（10+11-12）	0.00

续表

行次	类别	项目	金额
14	应纳税所得额计算	减：境外所得（填写A108010）	0.00
15		加：纳税调整增加额（填写A105000）	0.00
16		减：纳税调整减少额（填写A105000）	0.00
17		减：免税、减计收入及加计扣除（填写A107010）	0.00
18		加：境外应税所得抵减境内亏损（填写A108000）	0.00
19		四、纳税调整后所得（13-14+15-16-17+18）	0.00
20		减：所得减免（填写A107020）	0.00
21		减：弥补以前年度亏损（填写A106000）	0.00
22		减：抵扣应纳税所得额（填写A107030）	0.00
23		五、应纳税所得额（19-20-21-22）	0.00
24	应纳税额计算	税率（25%）	25.00%
25		六、应纳所得税额（23×24）	0.00
26		减：减免所得税额（填写A107040）	0.00
27		减：抵免所得税额（填写A107050）	0.00
28		七、应纳税额（25-26-27）	0.00
29		加：境外所得应纳所得税额（填写A108000）	0.00
30		减：境外所得抵免所得税额（填写A108000）	0.00
31		八、实际应纳所得税额（28+29-30）	0.00
32		减：本年累计实际已缴纳的所得税额	0.00
33		九、本年应补（退）所得税额（31-32）	0.00
34		其中：总机构分摊本年应补（退）所得税额（填写A109000）	0.00
35		财政集中分配本年应补（退）所得税额（填写A109000）	0.00
36		总机构主体生产经营部门分摊本年应补（退）所得税额（填写A109000）	0.00
37	实际应纳税额计算	减：民族自治地区企业所得税地方分享部分：（□免征 □减征：减征幅度%）	0.00
38		十、本年实际应补（退）所得税额（33-37）	0.00

三、理论知识考核

1.【判断题】某县城酒店缴纳城市维护建设税的税率为5%。 （ ）

2.【判断题】教育费附加的计税依据是纳税人实际缴纳的增值税税额。 （ ）

3.【判断题】所得税的计税依据是酒店当年的收入总额。 （ ）

4.【单选题】城市维护建设税采用的税率形式是（ ）。

A. 产品比例税率　　B. 行业比例税率

C. 地区差别比例税率　　D. 有幅度的比率税率

5.【单选题】某酒店签订了一份购销合同，该合同适用的印花税税率为（　　）。

A. 0.5‰　　B. 0.3‰

C. 1‰　　D. 0.05‰

6.【单选题】酒店行业可以在企业所得税前扣除的项目包括（　　）。

A. 税收滞纳金

B. 企业所得税税款

C. 向投资者支付的股息、红利等权益性投资收益款项

D. 支付的总经理工资

四、技能训练

（一）实训任务单

任务描述	城市维护建设税和教育费附加的申报缴纳	
实训目的	了解酒店行业城市维护建设税和教育费附加申报缴纳实操流程	
任务分析	重点	了解城市维护建设税和教育费附加的计税依据
	难点	实际填写纳税申报表并计算应纳税额
任务时长	1小时	

（二）实训准备

查询酒店实际缴纳的增值税、消费税额；登录国家税务总局网站。

（三）操作步骤

1. 计算出应纳税额：应纳税额=（实际缴纳的增值税税额+实际缴纳的消费税税额）×适用税率。

2. 登录国家税务总局网站，打开增值税及附加税费申报表附列资料（五）申报表页面及消费税及附加税费申报表。

3. 填写实际税额及适用税率，将系统算出的应纳税额与自己核算的金额进行比对，核对无误后提交申报。

4. 选择付款方式：可设定自行扣款或者直接缴纳。

（四）操作要点说明

增值税“免抵”税额要经过税务机关核准后才能作为城市维护建设税和教育费附加的计税依据。如因企业少缴或晚缴增值税或消费税被税务局加收的滞纳金和罚款等，不作为城市维护建设税和教育费附加的计税依据来申报缴纳。

（五）实训过程记录

1. 技能练习

项目	内容
找出增值税及消费税实际缴税金额	
打开缴税页面	
申报税金	
完成缴税	

2. 问题讨论

（1）企业在申报城市维护建设税和教育费附加时，是否遵循了正确的申报流程？

（2）企业在计算城市维护建设税和教育费附加时，是否正确使用了计税依据和税率？

（3）企业如何利用电子申报系统提高城市维护建设税和教育费附加的申报效率？

五、课后拓展任务

1. 请了解酒店签订的采购合同是如何进行贴花缴纳印花税。
2. 请根据酒店的账务处理，填报酒店的企业所得税申报表。

项目八

酒店财务报表

项目描述

本项目主要介绍酒店各类管理报表，包含各部门的营业收入、营运过程中物料消耗、人工成本费用、能源消耗及经营利润等，这些经营状况均以数据的形式体现出来，汇总整理后形成报表。报表是为酒店管理者和使用者提供数据分析及决策的依据。通过这个项目的学习，系统地了解酒店财务报表的编制方法，同时读懂酒店的财务报表，掌握基本的酒店财务分析知识。

学习目标

❶ 知识目标

（1）了解酒店财务报表的种类。

（2）了解酒店财务报表的编制方法。

❷ 能力目标

（1）对基本的酒店财务报表进行分析。

（2）厘清酒店财务报表的数据来源。

❸ 思政目标

（1）培养诚实守信的工作态度。

（2）养成团队合作意识。

任务1 酒店收入报表

一、任务导入

阳光酒店共有客房230间，2023年10月26日接待了213名客人，共出租客房189间，客房收入共计232470元。

请根据以上数据回答下列问题：

1. 该酒店的客房收入是多少?
2. 该酒店的平均房价是多少?
3. 该酒店的出租率是多少?

思考：酒店的收入数据是怎样获得的?

二、理论知识

收入是衡量酒店生产经营最基本的经营指标，它包括客房的租金收入、餐饮和商贸收入，还包括各项娱乐设施、美容美发、客衣洗烫、电话电传、商务代办等项目的服务收入等。营业收入管理掌持着酒店的经济命脉，涵盖面很广，它是在一定的整体目标下，关于各部门的运营、生产经营活动、员工分配的管理，是酒店经营管理的核心。通常酒店的每日营业收入通过每日收入报告形式体现。

（一）每日收入报告的定义

每日收入报告是酒店财务部将酒店的每天营业收入及各项数据信息通过汇总计算形成的数据报告。此报告以日报表形式呈现，供相关人员和使用部门使用。酒店使用该报告的人员有酒店各部门的经理、各部门总监及总经理等。

（二）每日收入报告的作用

（1）汇总统计数据　汇总前一天的营业收入、统计销售数据。

（2）体现经营成果　为酒店管理者和报表使用者提供每天的经营情况及成果。

（3）发展依据　是酒店管理者和报表使用者及时调整经营战略及市场对策的依据。

（三）每日收入报告的内容

收入报告中包括当日营业收入汇总、当月月累计实际营业收入、当月月累计预算实际收入和去年同期月累计实际营业收入、当年年累计实际营业收入、当年年累计预算营业收入和去年同期年累计实际营业收入，以及各期之间的对比比率。

（四）每日收入报告解读

通过每日收入报告，分析酒店房间数、出租率、闲置率、平均房价、当天总收入，以及不同来源的各类客户产生的房费收入的占比，进一步分析客源。

每日收入报告的基础部分是各部门所有营业收入汇总，包括客房收入（表8-1）、餐饮收入、健身房收入、客人洗衣收入、商品部收入、停车场收入等。

表8-1　客房每日收入报告

单位：元

项目	收入	月累计		
REVENUE 房费收入	TODAY 当日	ACTUAL 实际	BUDGET 预算	LAST YEAR 去年
房费-商散	105,651.00	2,003,661.50	1,684,900.00	1,574,488.50
房费-闲散	48,639.00	1,734,463.60	1,735,200.00	1,274,544.00
房费-散客小计	**154,290.00**	**3,738,125.10**	**3,420,100.00**	**2,849,032.50**
房费-商团	8680.00	370,980.00	346,000.00	674,587.00
房费-闲团	7020.00	125,520.00	161,000.00	110,660.00
房费-团队小计	**8,700.00**	**496,500.00**	**507,000.00**	**785,247.00**
小计	169,990.00	4,234,625.10	3,927,100.00	3,634,279.50
房费收入合计	**169,990.00**	**4,234,625.10**	**3,927,100.00**	**3,634,279.50**

（1）客房状况统计　根据前厅夜审后数据填写。其中客房出租率和平均房价是酒店经营的重要信息，根据对这两个指标的判断可知酒店经营状况及客房营业收入的增减变动，并且能据此做出战略或者短期营业目标的调整。

（2）餐饮销售统计　餐饮部管理层负责每天对每次用餐期间的顾客数量进行审核。列出各个餐厅的就餐人数，三餐的就餐人数分布、食品收入、酒水收入等。这些数据都指导着餐厅销售策略，帮助餐厅进一步提高服务质量，确定原材料采购数量及控制费用或成本。

三、理论知识考核

1.【简答题】每日收入报告有哪些作用？请举例进行说明。

2.【简答题】为什么说每日收入报告是酒店管理者和报表使用者调整经营战略的重要依据？

四、技能训练

（一）实训任务单

任务描述	编制酒店客房每日收入报表	
实训目的	帮助学生掌握阅读和理解酒店客房每日收入报告的技能	
任务分析	重点	按照不同市场细分制作客房收入报表
	难点	与预算、同期数据对比分析
任务时长	1小时	

（二）实训准备

1. 酒店客房收入报表一份。
2. 统计酒店当期预算收入数据、去年同期收入数据。

（三）操作步骤

1. 学生将每日收入报告按不同市场细分进行分类。
2. 根据系统报表填写当日收入、月累计收入数据。
3. 根据系统报表读取预算收入、去年同期收入数据。
4. 对比预算及去年同期数据，分析差异。

（四）操作要点说明

1. 注意理解报表中各项数据的含义。
2. 注意比较不同时间段或不同类别之间的数据差异。
3. 注意理解报表中的统计指标和计算方法。

（五）实训过程记录

1. 技能练习

项目	内容
收入类别	
当日收入	
月累计收入	
月累计收入预算	
去年同期月累计收入	

2. 问题讨论

（1）酒店收入高于预算时，说明什么问题？

（2）酒店收入低于去年同期收入时，说明什么问题？

五、课后拓展任务

请根据酒店的实际运营情况，制作酒店中秋节月饼销售收入报表。

任务2 餐饮成本控制报表

一、任务导入

餐饮成本控制作为酒店成本控制重要的环节，是酒店餐饮市场激烈竞争的客观要求。随着社会餐饮的迅速发展，酒店餐饮的市场竞争日趋激烈，加上消费者对酒店餐饮需求、质量的逐步提高，酒店餐饮的生存与发展面临严峻的挑战。要生存和求发展就必须创新意和降成本，提高酒店经济效益，增强酒店的竞争力。为此，加强酒店餐饮成本控制，最大限度地降低餐饮成本，尽可能为客人提供超值服务，提高宾客体验，餐饮企业的成本控制是管理的重中之重。

酒店餐饮服务作为酒店运营过程中必不可少的服务项目，在为酒店创造收入的同时，严格控制餐饮成本、降低成本费用支出是必不可少的。本任务通过对每日餐饮成本控制报告的学习，认识酒店成本控制的重要性。

思考：酒店的餐饮成本控制可从哪几个点进行控制?

二、理论知识

（一）每日餐饮成本控制报告的定义

每日餐饮成本控制报告是财务部成本部将每天餐饮部的食品及酒水的收入及食品酒水消耗等各项数据通过汇总计算形成的数字报告。此报告以日报表形式呈现供相关使用部门使用。使用该报告的主要人员是各餐厅厨师长、行政总厨、餐饮总监、财务总监、总经理等。

（二）每日餐饮成本控制报告的作用

（1）汇总收入与消耗　总结至前一天的餐饮部食品酒水营业收入及相对制作食品和酒水原材料的消耗。

（2）汇总原材料　为酒店管理者和餐饮部提供月累计的原材料汇总。

（3）计算成本比率　通过统计数据计算出食品和酒水的成本比率。

（4）原材料整体消耗　反映餐饮部月累计的原材料整体消耗情况。

（5）消耗与收入配比　及时反映餐饮部原材料消耗与营业收入配比情况。

（6）控制成本和损耗　及时控制餐饮成本及原材料损耗，将餐饮成本控制在合理范围内。

除了每日餐饮成本控制报告，酒店管理者还可以利用数据分析工具和技术监控餐饮部门的经营情况。通过分析销售数据、库存水平、菜品毛利率等指标，管理者可以及时发现问题并采取相应措施，实现成本的有效控制和业务的持续改进。

（三）每日餐饮成本控制报告的内容

每日餐饮成本控制报告包括：各个餐厅食品和酒水的月累计收入和对应的各餐厅的当月各种原材料消耗汇总以及与之匹配的成本率。

前面已经介绍了酒店从原材料采购到入库、加工等过程，其最终结果是为酒店获取更大的收入。其过程如图8-1所示。

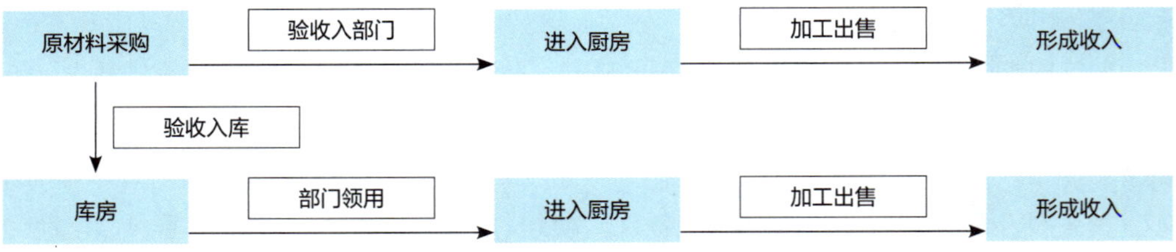

图8-1　餐饮成本控制报告过程图

每日餐饮成本控制报告包括以下数据：各个餐厅食品和酒水的当日成本及月累计成本、每日市场采购的原材料的当日金额及月累计、库房出库的食品和酒水的当日金额及月累计，还有因客房需求进行的厨房间食品调拨。同时，报告考虑了调拨后的差额，确保成本计算的完整性和准确性。

三、理论知识考核

1.【简答题】解释每日餐饮成本控制报告的内容及其重要性。

2.【简答题】成本控制策略中，餐饮部门需要合理制定菜品定价策略和优化哪个方面的管理？

3.【论述题】解释数据分析与监控在每日餐饮成本控制中的重要性，并举例说明如何利用数据分析来优化成本控制。

四、技能训练

（一）实训任务单

<table>
<tr><td>任务描述</td><td colspan="2">分析酒店餐饮成本控制报表</td></tr>
<tr><td>实训目的</td><td colspan="2">帮助学生掌握阅读和理解酒店餐饮成本控制报表的技能</td></tr>
<tr><td rowspan="2">任务分析</td><td>重点</td><td>按照不同餐段分析餐饮成本报表</td></tr>
<tr><td>难点</td><td>与预算、同期数据对比分析</td></tr>
<tr><td>任务时长</td><td colspan="2">1小时</td></tr>
</table>

（二）实训准备

准备每日餐饮成本控制报告样本。

每日餐饮成本控制报告				
日期：2024年3月25日				
报告编号：RCB-0325				
餐厅名称：A餐厅				
收入/成本项目	本日实际金额/元	月累计实际金额/元	月累计预算金额/元	去年同期月累计实际金额/元
餐饮销售收入	105,651.00	2,003,661.50	1,684,900.00	1,574,488.50
-早餐	28,965.00	532,846.50	476,200.00	412,754.00
-午餐	39,789.00	726,370.20	689,800.00	615,329.00
-晚餐	31,587.00	645,234.80	509,700.00	487,175.50
-其他	5310.00	99,210.00	98,200.00	59,230.00
-小计	105,651.00	2,003,661.50	1,684,900.00	1,574,488.50
餐饮成本	42,089.00	823,496.30	758,200.00	721,380.20
-食材成本	18,752.00	392,568.60	359,800.00	321,970.80
-酒水成本	9630.00	189,000.50	178,000.00	156,560.50
-人工成本	11,890.00	226,927.20	196,500.00	212,230.90
-其他成本	2817.00	14,733.00	23,900.00	30,618.00
-小计	42,089.00	823,496.30	758,200.00	721,380.20
利润	63,562.00	1,180,165.20	926,700.00	853,108.30

（三）操作步骤

1. 学生阅读每日餐饮成本控制报告样本，重点关注报告的各个部分，包括数据来源、汇总统计数据、成本比率、原材料消耗等内容。
2. 学生分析报告中的数据，并尝试理解报告的作用和重要性。
3. 学生与教师一起讨论报告中涉及的关键信息，例如成本比率、消耗与收入配比等。

（四）操作要点说明

1. 注意报告中各项数据的含义和关联。
2. 分析每日餐饮成本控制报告对餐饮部门和酒店管理的意义。
3. 理解成本控制策略中的关键因素，并提出优化建议。

（五）实训过程记录

1. 技能练习

项目	内容
餐饮销售收入月累计实际金额与月累计预算对比差额	
食材成本月累计实际金额与月累计预算对比差额	
酒水成本月累计实际金额与月累计预算对比差额	
人工成本月累计实际金额与月累计预算对比差额	
其他成本月累计实际金额与月累计预算对比差额	
利润月累计实际金额与月累计预算对比差额	

2. 问题讨论

酒店餐饮成本高于去年同期时，说明什么问题？

五、课后拓展任务

实地调研与实践体验：实地调研一家餐饮企业的经营状况，了解其成本控制和经营管理实践，或者参与一些相关的实践活动，加深对酒店餐饮成本的认识和理解。

任务3 损益表

一、任务导入

如何了解一家酒店的经营结果呢？是到酒店门口看酒店的客流量吗？是去找酒店前台询问近期入住率是否高吗？损益表（Income Statement）是用以反映公司在一定期间利润实现（或发生亏损）的财务报表，它是一张动态报表。损益表可以为报表的信息使用者提供作出合理的经济决策所需要的有关资料，可用来分析酒店的成本和利润增减变化的原因从而作出正确的投资价值评价等经济决策。

思考：如何衡量一家酒店经营业绩的好坏？

酒店损益表

二、理论知识

（一）损益表的概念

损益表又称收益表、利润表，是反映酒店在一定会计期间经营成果的报表。它通过将一定期间的收入和与其相关的成本、费用进行配比，计算出该酒店在一定期间的净利润。

损益表可作为经营成果的分配依据。损益表反映酒店在一定期间的营业收入、营业成本、营业费用以及营业税金、各项期间费用和营业外收支等项目，最终计算出利润综合指标。损益表上的数据直接影响许多相关集团的利益，如国家的税收收入、管理人员的奖金、职工的工资与其他报酬、股东的股利等。

损益表能综合反映生产经营活动的各个方面，可以有助于考核酒店经营管理人员的工作业绩。酒店在生产、经营、投资、筹资等各项活动中的管理效率和效益都可以从利润数额的增减变化中综合地表现出来。通过将收入、成本费用、利润与企业的生产经营计划对比，可以考核生产经营计划的完成情况，进而评价企业管理者的经营业绩和效率。

（二）损益表的功能

损益表可用来分析酒店的获利能力、预测酒店未来的现金流量。损益表揭示了经营利润、投资净收益和营业外收支净额的详细资料，可据以分析酒店的盈利水平，评估酒店的获利能力。同时，报表使用者所关注的各种预期的现金来源、金额、时间和不确定性，如股利、利息、出售证券的所得及借款的清偿，都与酒店的获利能力密切相关。所以，分析收益水平在预测未来现金流量方面具有重要作用。

（三）损益表的作用

（1）了解酒店经营状态　使报表使用者了解酒店的利润形成，评价、预测酒店经营成果和获利能力。

（2）提供经营决策依据　使酒店经营者通过数据进行正确的经营决策和经营预测。

（3）提供预测依据有助于评价和预测酒店的偿债能力。

（4）提供考核依据　有助于考核酒店管理人员的经营业绩，改善酒店经营管理。

（四）损益表的内容

损益表中可获得酒店客房各项收入、费用的当期发生额、当期预算额、去年同期额、年累计发生额、年累计预算额、去年同期累计发生额。

损益表的数据来源有以下几个方面。

1. 客房部损益表

客房部损益表包括客房收入、客房人员工资及相关福利、客房经营的其他费用、营业利润。

2. 客房部利润

客房部利润=客房收入-工资及相关福利-其他费用

3. 餐饮部损益表

餐饮部损益表包括餐饮收入，食品、酒水成本，餐饮人员工资及相关福利，餐饮部经营的其他费用，营业利润。

4. 餐饮部利润

餐饮部利润=餐饮收入-食品、酒水成本-工资及相关福利-其他费用

三、理论知识考核

1.【简答题】描述损益表中通常包含的主要项目，并解释它们的意义以及如何计算。

2.【简答题】说明损益表与其他财务报表（如资产负债表）之间的区别和联系。

3.【简答题】分析损益表对于经营决策和企业管理的重要性，并举例说明其实际应用场景。

四、技能训练

（一）实训任务单

任务描述	分析酒店损益表（简表），理解企业经营状况和盈利能力	
实训目的	帮助学生掌握阅读和分析损益表的技能，加深对企业财务状况的理解	
任务分析	重点	按照不同部门分析酒店损益报表
	难点	与预算、同期数据对比分析
任务时长	2小时	

（二）实训准备

准备损益表简表样本。

单位：元

项目	2023.09	2023.08
收入		
-客房收入	1,200,000	1,150,000
-餐饮收入	600,000	550,000
-会议宴会收入	300,000	280,000
-其他收入	50,000	40,000
总收入	2,150,000	2,020,000
成本及费用		
-客房部成本	600,000	580,000
-餐饮部成本	350,000	320,000
-人工费用	300,000	280,000
-房地产费用	80,000	75,000
-营销费用	50,000	45,000
-行政费用	40,000	38,000
-折旧与摊销费用	30,000	28,000
-水电费用	20,000	18,000
-税费	40,000	38,000

续表

项目	2023.09	2023.08
-其他费用	10,000	8000
总成本及费用	1,520,000	1,430,000
营业利润	630,000	590,000

（三）操作步骤

1. 学生独立阅读损益表，并理解其中各项内容的含义。
2. 学生分析损益表中的主要项目，如收入、成本、费用等。
3. 学生比较不同期间的数据，分析损益表中的变化趋势。
4. 学生尝试回答关于损益表的问题，并进行讨论。
5. 老师对学生的理解和分析提供反馈，并解答他们的疑问。

（四）操作要点说明

1. 注意损益表中各项内容的单位和数值，确保理解正确。
2. 关注损益表中的关键数据，如总收入、净利润等。
3. 分析损益表中的变化趋势，找出影响这些变化的因素。

（五）实训过程记录

1. 技能练习

项目	内容
2023年9月总收入与2023年8月总收入对比差额	
2023年9月总成本与2023年8月总成本对比差额	
2023年9月总成本及费用与2023年8月总成本及费用对比差额	
2023年9月营业利润与2023年8月营业利润对比差额	

2. 问题讨论

酒店利润的高低和哪些要素有直接关系？

五、课后拓展任务

阅读一家酒店的年度财务报表中的损益表，并尝试回答以下问题。

1. 损益表反映了公司的什么经营结果？
2. 损益表的主要组成部分有哪些？请解释它们的含义。
3. 通过比较不同期间的数据，你能发现什么趋势？这些趋势有什么可能的原因？
4. 选择一家公司，利用公开的财务报表或财务数据，制作一份简化的损益表。确保包括公司的收入、成本、费用和净利润等项目。

5. 思考损益表对于公司经营决策的重要性。你认为损益表中哪些数据对公司管理者最具有指导意义？为什么？

任务4 资产负债表

一、任务导入

在酒店财务管理中，资产负债表扮演着不可或缺的角色，它是一份重要的财务报表，用于在特定时间点反映酒店的财务状况。通过资产负债表，能够深入洞察酒店的经济效益、资产构成、债务结构以及所有者权益状况。这份报表为我们提供了关键的数据，为财务分析和战略决策提供了坚实的依据。资产负债表主要分为两个部分：资产、负债与所有者权益。资产部分展示了酒店拥有的各项资源，从现金、应收账款，到投资和固定资产等，它们的价值汇总构成了酒店的总资产。负债与所有者权益部分则呈现了酒店的资金来源，包括债务和所有者投资。

思考：如何快速地了解一家酒店的资产构成等基本情况？

酒店资产负债表

二、理论知识

（一）资产负债表的概念

资产负债表是一份关键的财务报表，用于呈现酒店在特定时间点的财务状况。它通过列出酒店的资产、负债与所有者权益，展示了酒店的财务健康状况和资金的流动情况。资产负债表是财务报告的核心之一，不仅为内部管理决策提供信息，还为外部投资者、债权人和其他利益相关者提供了了解酒店财务状况的重要途径。

资产负债表通常分为两个主要部分。

（1）资产部分　这部分列举了酒店在特定时间点拥有的各种资源和财产，以及它们的价值。资产可以分为流动资产和非流动资产。流动资产包括现金、应收账款、存货等可以迅速变现的资产；非流动资产则包括长期投资、固定资产等不易变现的资产。

（2）负债与所有者权益部分　这部分展示了酒店在特定时间点所拥有的债务和所有者权益。负债可以分为流动负债和非流动负债。流动负债包括应付账款、短期借款等在一年内需要偿还的债务；非流动负债包括长期借款、债券等一年以上需要偿还的债务。所有者权益是指酒店所有者或股东的权益，等于资产减去负债。

通过资产负债表，人们可以了解以下重要信息：

总资产：酒店所有资产的总价值，反映了酒店的规模和资源。

总负债：酒店所有债务的总额，揭示了酒店的债务承担情况。

净资产：所有者权益，等于总资产减去总负债，代表了酒店的净价值。

流动性：通过比较流动资产和流动负债，可以了解酒店在短期内偿还债务的能力。

财务结构：通过比较非流动资产和非流动负债，可以了解酒店的长期财务结构。

总之，资产负债表是一份关键的财务报表，提供了酒店财务状况的全面快照。通过分析资产负债表，可以评估酒店的偿债能力、财务稳定性和资本结构，从而帮助酒店做出明智的投资和经营决策。

（二）资产负债表的作用

资产负债表是财务报表中的重要组成部分，它具有广泛的作用，为酒店管理层、投资者、债权人和其他利益相关者提供了有关酒店财务状况的重要信息。以下是资产负债表的几个主要作用。

（1）评估财务健康　资产负债表可以直观地反映酒店在特定时间点的财务状况。通过比较资产和负债，人们可以了解酒店的净资产价值，从而评估酒店的财务健康程度。

（2）偿债能力分析　债权人和投资者可以通过资产负债表来评估酒店的偿债能力。通过比较流动资产和流动负债，可以了解酒店在短期内偿还债务的能力。

（3）资本结构分析　资产负债表可以揭示酒店的资本结构，即债务和所有者权益之间的比例。这有助于投资者和管理层了解酒店的财务稳定性和风险承受能力。

（4）投资决策　投资者可以通过资产负债表来评估酒店的潜在投资价值。一家财务健康的酒店通常会受到更多投资者的关注，因为它有更大的潜力提供稳定的回报。

（5）内部管理决策　酒店管理层可以利用资产负债表来制定内部决策。通过分析资产负债表，管理层可以了解资产配置、债务管理和资金利用情况，以支持业务战略的制定和执行。

（6）财务规划和预测　资产负债表为酒店提供了进行财务规划和预测的基础。通过分析历史资产负债表的变化，酒店可以制定更准确的财务预测和目标。

（7）透明度和报告义务　对于上市公司和其他法定实体，资产负债表是履行报告义务的一部分。它提供了透明度，确保利益相关者能够了解酒店的财务状况。

（三）资产负债表的内容

（1）流动资产部分　这里列出了酒店企业在短期内可以转化为现金的资产，包括现金、应收账款和存货等。这些资产在支持日常经营活动中发挥重要作用。

（2）非流动资产部分　酒店企业的非流动资产包括不动产及设备、投资以及其他长期持有的资产。这些资产通常用于长期经营和投资。

（3）流动负债部分　流动负债包括应付账款和短期借款等需要在短期内偿还的债务，反映了酒店企业的短期债务情况。

（4）非流动负债部分　酒店企业的非流动负债包括长期借款和其他长期负债，揭示了酒店的长期债务承担情况。

（5）所有者权益部分　这部分包括股本、资本公积、盈余公积和未分配利润，代表了股东对酒店的投资和累积利润。

通过分析资产负债表，可以了解酒店在特定时间点的财务状况，包括资产构成、负债结构以及所有者权益的情况。这对于投资者、管理层和其他利益相关者来说都具有重要意义。

三、理论知识考核

1.【简答题】解释资产负债表在酒店行业中的作用，并说明它为何是财务报告中的关键组成部分？

2.【简答题】解释资产负债表中的流动资产和非流动资产，并举例说明在酒店行业中的具体项目。

3.【简答题】请列举资产负债表中流动负债和非流动负债的一些例子，并解释它们在酒店运营中的作用。

4.【简答题】资产负债表中的所有者权益部分代表了什么？它与酒店企业的经营和财务决策有何关联？

四、技能训练

（一）实训任务单

任务描述	阅读酒店资产负债表	
实训目的	通过查阅酒店资产负债表，不仅能掌握资产负债表里包含的各指标内容，而且对企业的财务健康状况的评价有很大提升	
任务分析	重点	资产负债表各指标
	难点	各指标之间的勾稽关系
任务时长	4小时	

（二）实训准备

准备资产负债表样本以及相关解释说明的资料。提供学生资产负债表阅读和理解的指导材料。

单位：元

项目	2023.12	2022.12
资产		
流动资产		
现金及现金等价物	1,000,000	800,000
应收账款	500,000	450,000
存货	1,200,000	1,080,000
其他流动资产	300,000	250,000
非流动资产		
不动产及设备	10,000,000	9,000,000

续表

项目	2023.12	2022.12
投资	2,000,000	1,800,000
其他非流动资产	600,000	540,000
总资产	15,600,000	13,920,000
负债和所有者权益		
负债		
流动负债		
应付账款	400,000	360,000
短期借款	600,000	540,000
其他流动负债	200,000	180,000
非流动负债		
长期借款	4,000,000	3,600,000
其他非流动负债	300,000	270,000
所有者权益		
股本	2,500,000	2,500,000
资本公积	500,000	450,000
盈余公积	100,000	75,000
未分配利润	1,500,000	1,350,000
总负债和所有者权益	15,600,000	13,920,000

（三）操作步骤

1. 学生阅读资产负债表，并标出其中的流动资产、非流动资产、流动负债、非流动负债和所有者权益部分。

2. 学生将结合所学知识，解释和理解资产负债表中各项指标的含义。

（四）操作要点说明

1. 学生需要了解资产负债表中各项指标的定义和计算方法。
2. 强调学生对于流动资产、非流动资产、流动负债、非流动负债和所有者权益的理解。
3. 鼓励学生在阅读和解释资产负债表时进行实时讨论和提问。

（五）实训过程记录

1. 技能练习

项目	内容
教师介绍资产负债表的基本概念和作用，并提供实例进行解释	
学生分组讨论并总结案例中资产负债表中不同项目的特点和意义	

续表

项目	内容
学生通过案例分析练习，运用资产负债表解决实际问题，如评估酒店的财务健康状况或制定财务规划	
学生分享他们的分析结果，并进行小组讨论	
教师对学生的分析过程和结论进行评价，并提供反馈和建议	
学生根据反馈进行调整和改进，进一步完善资产负债表的分析	

2. 问题讨论

酒店资产负债率过高，说明酒店可能存在哪些问题？

五、课后拓展任务

收集两家或更多酒店的资产负债表，并进行比较分析。可以选择同一地区或同一品牌的酒店进行比较，评估它们的财务表现和资本结构的差异。思考差异背后的原因，可能涉及酒店规模、业务模式、市场地位等因素。

任务5 现金流量表

一、任务导入

现金流量表是财务报表中的关键组成部分，用于记录酒店在特定时期内现金流动的情况。与其他财务报表一起，现金流量表提供了深入了解酒店财务状况的窗口。在本任务中，我们将深入探讨现金流量表的编制方法，理解现金的流入、流出以及净现金变动，从而为酒店的财务决策提供有力支持。

思考：酒店最佳现金持有量是多少对酒店最有利？

酒店现金流量表

二、理论知识

（一）现金流量表的概念

现金流量表是一份财务报表，用于记录酒店在特定时期内现金流动的情况，反映了酒店现金的流入和流出状况。它主要关注现金的实际运用，揭示了酒店在经营、投资和筹资活动中产生的现金流量，以及这些活动对酒店现金储备的影响。结合资产负债表和利润表，现金流量表为了解酒店的财务状况、评估经营绩效以及预测未来现金流量提供了重要的信息。

（二）现金流量表的作用

现金流量表的核心目标是计算出特定时期内的净现金流量，即流入与流出之间的差额。净现金流量可以为投资者、管理层和其他利益相关者提供洞察酒店现金状况的视角，帮助评估酒店的偿债能力、经营稳定性和财务灵活性。此外，通过比较不同时期的现金流量表，还能揭示酒店的经营趋势和财务健康状况。

（三）现金流量表的内容

现金流量表通常按照特定的格式和结构来呈现酒店在特定时期内的现金流动情况，以便更清晰地展示现金的流入和流出。一般情况下，现金流量表的结构可以分为以下几个主要部分。

1. 经营活动现金流

（1）销售收入现金流　列出酒店通过销售商品和提供服务所产生的现金流入。

（2）购买商品和接受服务所支付的现金　显示酒店为经营活动支付给供应商、承包商等的现金流出。

（3）支付员工薪酬和报酬所用的现金　记录支付给员工的工资、奖金和其他薪酬的现金流出。

（4）经营活动产生的其他现金流　包括与经营活动直接相关的其他现金流入和流出。

2. 投资活动现金流

（1）购买长期资产所支付的现金　列出酒店购买不动产、设备等长期资产的现金流出。

（2）出售长期资产所收到的现金　显示酒店出售不动产、设备等长期资产所获得的现金流入。

3. 筹资活动现金流

（1）筹资活动所收到的现金　包括发行债券、股票或其他融资手段所获得的现金流入。

（2）偿还债务所支付的现金　记录酒店偿还债务本金的现金流出。

（3）分配股利和利润所支付的现金　显示酒店支付给股东的股利和利润的现金流出。

4. 净现金流量

净现金流量即汇总以上三大类现金流入和流出的金额，计算得出净现金流量。

通过这种结构，现金流量表能够清晰地展示酒店不同方面的现金流动情况，帮助利益相关者了解酒店的现金管理和流动性状况。同时，这种结构也便于进行跨期比较，分析酒店在不同时间段的现金流动变化，以及经营、投资和筹资活动对现金流的影响。

三、理论知识考核

1.【简答题】酒店现金流量的主要组成部分是什么？

2.【简答题】在酒店现金流量表中，列出至少三个与经营活动相关的现金流入和三个与经营活动相关的现金流出。解释每个现金流的背后原因。

3.【简答题】酒店在筹资活动中的现金流可能来自哪些渠道？请列举并解释两个不同类型的筹资活动现金流入。

四、技能训练

（一）实训任务单

任务描述	阅读酒店现金流量表	
实训目的	通过查阅酒店现金流量表，看懂酒店现金流状况	
任务分析	重点	现金流量表的结构及具体内容
	难点	现金流量表中各指标的组成
任务时长	1小时	

（二）实训准备

现金流量表的案例数据如下。

单位：元

项目	2023.12	2024.12
销售收入	500,000	480,000
购买商品支付现金	300,000	280,000
支付员工薪酬	100,000	90,000
其他经营活动现金流	20,000	15,000
购买长期资产支付现金	150,000	200,000
出售长期资产收到现金	80,000	100,000
筹资活动收到现金	200,000	180,000
偿还债务支付现金	50,000	40,000
分配股利和利润支付现金	30,000	25,000

现金流量表范例如下。

会企03表

编制单位：　　　　　　　　年　　月　　　　　　　　单位：元

项目	本期金额	上期金额
一、经营活动产生的现金流量：		
销售商品、提供劳务收到的现金		
收到的税费返还		
收到其他与经营活动有关的现金		
经营活动现金流入小计		
购买商品、接受劳务支付的现金		

续表

项目	本期金额	上期金额
支付给职工以及为职工支付的现金		
支付的各项税费		
支付其他与经营活动有关的现金		
经营活动现金流出小计		
经营活动产生的现金流量净额		
二、投资活动产生的现金流量:		
收回投资收到的现金		
取得投资收益收到的现金		
处置固定资产、无形资产和其他长期资产收回的现金净额		
处置子公司及其他营业单位收到的现金净额		
收到其他与投资活动有关的现金		
投资活动现金流入小计		
购建固定资产、无形资产和其他长期资产支付的现金		
投资支付的现金		
取得子公司及其他营业单位支付的现金净额		
支付其他与投资活动有关的现金		
投资活动现金流出小计		
投资活动产生的现金流量净额		
三、筹资活动产生的现金流量:		
吸收投资收到的现金		
取得借款收到的现金		
收到其他与筹资活动有关的现金		
筹资活动现金流入小计		

（三）操作步骤

1. 阅读现金流量表的概念和作用。
2. 了解现金流量表的定义和作用。
3. 理解现金流量表与资产负债表、利润表的关系。
4. 分析现金流量表的内容和结构。

（四）操作要点说明

1. 理解现金流量表的分类和内容。
2. 掌握分析现金流量表的基本方法和技巧。
3. 注意对比不同时间段的现金流量表，分析其变化和趋势。
4. 将理论知识与实际案例相结合，加深对现金流量表的理解和应用。

（五）实训过程记录

1. 技能练习

项目	内容
2023年与2024年经营活动产生的现金流量对比差额	
2023年与2024年投资活动产生的现金流量对比差额	
2023年与2024年筹资活动产生的现金流量对比差额	
2023年与2024年净现金流量对比差额	

2. 问题讨论

酒店生产经营产生的现金流量高低和哪些要素有关？

五、课后拓展任务

1. 数据分析：收集一家酒店最近三年的现金流量表数据，对其进行比较和分析。确定现金流量表中经营、投资和筹资活动的趋势，并分析这些趋势对酒店财务状况的影响。

2. 案例研究：选择一家知名酒店集团，查阅其最近公布的财务报表，重点关注其现金流量表部分。分析该酒店集团的现金流量状况，比较其与同行业其他酒店的现金管理情况，提出改进建议。

项目九

酒店财务预算

项目描述

酒店财务预算是用来控制未来经营活动的一项财务计划，有别于其他计划，它是以货币计量的方式来表达的计划，说明在预算期间内，酒店实现各项计划目标资源的使用情况。预算，即酒店经营目标和决策的具体化，也是执行过程的开始。它提供了控制酒店经营活动的标准。另外，预算执行过程还可以促进酒店内部各个部门之间的协调。预算实际上是酒店供、产、销、算等部门计划的有机整体，它可以使酒店的每位负责人，都能了解本部门与酒店整体的关系。预算是酒店计划、协调和控制等职能得以实现的有效手段。管理者的职务越高，对预算工作的要求也就越高。酒店主管及以上管理人员应当积极地参与酒店预算的制定及控制，可以使管理者获得最好的管理知识，并知道如何使它对经营管理产生影响；同时使管理者发现经营信息的反馈越来越重要；也可以使管理者学会如何为自己及其团队建立可行的经营目标；更能够使管理者了解经营和市场的竞争对于饭店的影响，并为此善于发现并争取解决身边的问题。本项目将带领酒店管理者从预算的类型、预算的编制程序、预算的编制方法及预算的分析等多方面介绍酒店的全面预算管理。

学习目标

❶ 知识目标

（1）了解酒店财务预算的内容。

（2）熟悉酒店财务预算的关键控制点。

❷ 能力目标

（1）描述财务预算编制的流程和方法。

（2）能编制酒店利润预算。

❸ 思政目标

（1）锻炼科学严谨的逻辑思维能力。

（2）培养认真严谨的工作态度。

任务1 酒店预算概述

一、任务导入

“凡事预则立，不预则废”，在酒店管理中“预”就是指对未来的预测、计划及预算。预测是对业务量的估计，计划是对做什么的打算，而预算是对钱的计划。酒店预算可以回答以下问题：

1. 每个月预计的平均出租率是多少？平均房价是多少？
2. 每个月餐厅预计的食品成本率是多少？
3. 一年的广告费是多少才合理？
4. 酒店每个月的营业利润是多少？
5. 如何实现今年的利润目标？

思考：如何进行酒店财务预算编制？

酒店预算概述

二、理论知识

著名法国管理学家法约尔认为：管理活动，就是计划、组织、指挥、协调和控制。这一观点，也得到了国内管理学界的广泛认同。由此可见，计划是管理活动的开始。预算产生于酒店某个时期的工作计划，是计划执行后财务成果的数据表现。但酒店预算往往被许多酒店的非财务管理人员所忽视，这一类的管理人员常常热衷于目标销售额的完成，而认为预算中成本费用的支出部分与他们并没有多大关系，认为控制成本是财务人员的事。财务人员的确很关心预算，但由于缺乏对各部门具体业务的了解，便缺乏了预算质量基础，往往只能将报来的数据汇总，或者简单地以历史数据为根据进行编制，对于预算指标的下达，缺乏有力的说服依据。究其原因，多数是由于对于支出部分的预算缺少标准，非财务管理人员头脑中缺少数字概念，导致预算数据随意估算，并且习以为常。

（一）预算的概述

预算（Budget）是指在预测和决策的基础上，按照企业既定的经营目标和程序，规划和反映企业未来的销售、生产、成本、现金收支等方面的活动，以便对企业特定计划期内全部生产经营活动有效地做出具体的组织与协调，最终以货币为主要计量单位，通过一系列预计的财务报表及附表展示其资源配置情况的有关企业总体计划的数量说明。

酒店预算就是利用货币计量对酒店某个时期的全部经济活动正式计划的数量反映，也是对酒店未来某个时期财务报表所列项目计划的一种数量反映。酒店财务预算可以明确酒店的经营目标，也可以作为控制酒店财务活动的依据和作为工作业绩考核的标准。

预算就是将与酒店战略目标相关的一整套经济活动联系在一起，并制定出完成战略目标的方法和途径。具体来说，酒店的市场营销部门运用多种预测方法预测客房的目标销售量，再依据此预测各个细分市场的销售相关指标（例如：出租率、平均房价及每房收益）；客房部门根据销售部门的预计销售量，千方百计地提高服务品质，降低成本费用以保证目标销售额和目标利润的实现；餐饮部门也要根据其目标销售量进行销售额及目标利润的预算，并严格控制成本；采购部门根据计划期间的预计销售量购进足够的且品质符合要求的物料用品等，以保证销售的顺利实现；财务部门根据计划期间的经济活动安排好资金，保证有足够资金用以到期支付。由此可见，酒店是通过预算把全部的经营活动统筹起来，按照预算的整体体系进行经营管理，进而实现战略目标。

（二）预算的类型

在对酒店行业预算的研究中，美国饭店业协会编制的教材《饭店业管理会计》中将酒店预算分为经营预算、现金预算及资本预算。结合目前我国大多数酒店的具体做法，本任务将从财务预算、经营预算与资本预算三方面进行介绍。

1. 财务预算

财务预算（Financial Budgets）是指与企业现金收支、经营成果和财务状况有关的各项预算。酒店财务预算主要是对酒店未来某个特定时期财务报表项目的计划的数量反映。通常财务预算包括现金预算、预计利润表、预计资产负债表、资本预算等。财务预算与经营预算不同，是以价值量指标反映经营预算的结果。

2. 经营预算

经营预算（Operating Budgets）是指与企业日常业务直接相关、具有实质性的基本活动的一系列预算的统称，又称日常业务预算。经营预算通常可以看作收入及费用预算，因为它就是对各部门某一特定时期内获得的收入与产生的费用进行的计划。通常，经营预算包括营业部门（例如客房部、餐饮部、康体中心的各个收益中心部门）的销售预算，各营业部门的人工费用预算及其他费用预算，还包括财务部、人力资源部、综合行政部等成本中心部门的费用预算。这些预算并非全部为价值量指标（即财务指标），与之相反，大量的统计指标起到了关键的基础作用，例如住店人数、用餐人数、客房出租率、餐位利用率等指标都是销售预测的关键指标。

3. 资本预算

资本预算（Capital Budgets）是指企业日常经营活动外，涉及长期投资业务以及相关的筹资业务而形成的各项预算。资本预算是一个确定购入何种资产以及投入多少资金的过程。经营预算的编制是编制资本预算的先决条件。如果经营预算提出，在现有设备合理生产能力之外的销售将会增加的话，那就表明现有设备的功能已经过时而必须予以更换。

酒店全面预算的各项预算前后衔接、相互勾稽，形成了一套完整的体系，他们之间的关系如图9-1所示。

由图可见，酒店预算编制的起点是销售预算，进而对各项营业费用及不分配费用、非经营费用、现金收支、固定资产投资等方面进行预测，在此基础上最终形成一套包括预计现金流量表、预计损益表及预计资产负债表的预计财务报表体系，用来反映酒店未来一段时间的

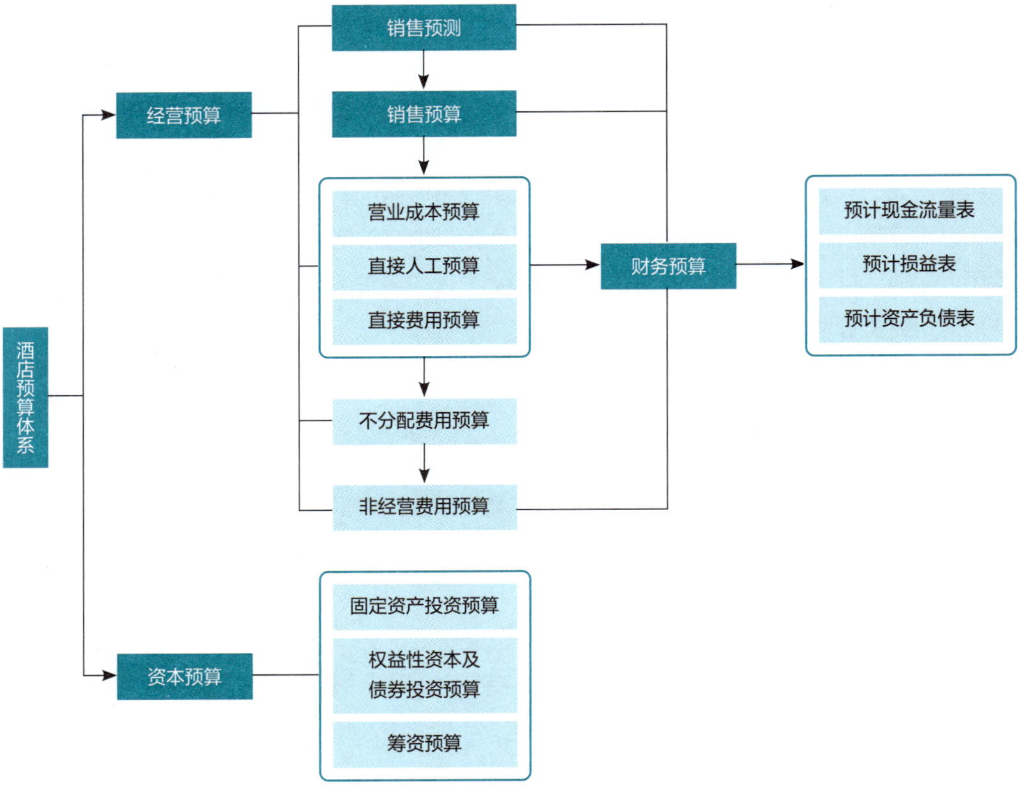

图9-1　酒店预算体系

财务状况与经营成果。

（三）预算的内容

在编制酒店整体预算时，首先要编制相关业务预算，因为酒店预算所需的数据是建立在业务预算的基础上形成的。

1. 营业收入预算

营业收入预算是确定预算期内酒店销售商品和提供服务的数量及金额的预算。销售预算是财务预算的关键，是编制其他各项预算的基础，也是规定酒店预算期流动资金定额、确定预算期流动资金周转指标和编制税金预算的依据。正确编制营业收入预算，必须有充分的依据，通常营业收入预算是在考虑以下因素的基础上编制的。

（1）酒店历史客房出租率　对于酒店以往客房出租率资料及其他业务量相关的历史数据，要仔细进行分析研究，借以评价酒店过去销售工作的成果，并制定新的预算和销售目标。在新的预算中，还应列入新的项目以及新的市场开拓情况的预算指标。

（2）旅游市场发展趋势　酒店的发展要达到预期目标，就必须对旅游市场的发展趋势及变化规律加以认识和利用，制定酒店的长期规划、中期规划和年度计划。在旅游市场研究中，应特别重视对主要客源地、客源地市场进行具体分析。只有在此基础上进行综合调查与分析，才能科学地做出预测。

（3）市场占有率　旅游市场占有率是指酒店在同一时期内接待的旅游者人数占所在地区的旅游市场上旅游者人数的比率。通过这个指标，可以清楚地了解酒店在本地旅游市场中所处的地位，以及比较不同时期所占领的市场份额的变化情况。这样可依据本地区区域旅游发展规划及酒店市场占有率的变化趋势，确定酒店的经营目标。

（4）销售价格　酒店的销售价格受旅游市场的供给和需求关系的变化及不同国家货币的比值和汇率的变化影响比较大，因此酒店制定销售价格时，必须考虑上述影响因素。同时，还应与酒店的经营目标相一致，使酒店的销售价格符合市场行情，对顾客有一定的吸引力，并且具有一定的竞争力。

此外，还要注意一些特殊因素的影响，比如全球经济形势、国际国内政治、同行业的竞争情况及广告促销策略等。只有综合考虑各方面的影响因素，运用科学的分析方法、预测方法，才能编制好酒店的营业收入预算。在编制营业收入预算时，应注意客房销售对其他部门销售的影响，比如住店客人数量对酒店餐饮、商品销售及其他收入的影响很大，因此，在编制营业收入预算时，必须注意各部门之间相互依存的关系。

2. 成本费用预算

（1）餐饮成本预算　餐饮成本预算是达成预期成本指标的一种行动方案。任何酒店都有其所要达到的预期经济目标，而成本指标是预期经济目标之一。为了达到这个目标，酒店必须根据确定的餐饮产品毛利情况，预测预算期的成本指标，制定餐饮成本预算。

餐饮成本预算一般由以下几个指标组成：预算期餐饮产品成本总额、每一品种或主要品种的预算单位成本、主要食品原材料耗用成本、预算期成本降低额。

①预算期餐饮产品成本总额是一个综合性的成本指标，它是由预算期餐饮产品销售收入和预算期的成本率决定的。预算期餐饮产品销售收入可以根据销售预算指标来确定。预算期成本率则是根据酒店核定的销售毛利率倒算出来的，根据这个要求，预算期餐饮产品成本总额计算公式如下：

预算期餐饮产品成本总额=预算期餐饮产品销售收入×（1-核定毛利率）

也可以用预算期成本率直接测算，计算公式如下：

预算期餐饮产品成本总额=预算期餐饮产品销售收入×预算期成本率

②每一品种或主要品种的预算单位成本是由预算主料耗用成本、预算配（辅）料耗用成本、预算调料耗用成本组成的，计算公式如下：

预算单位成本=预算主料耗用成本+预算配料耗用成本+预算调料耗用成本

③主要食品原材料耗用成本是由预算期主要食材的耗用量和购进成本组成的，计算公式如下：

主要食品原材料耗用成本=预算期某种食材耗用量×预算期购进成本

预算期某种原料耗用量是根据各种餐饮产品生产的同类食材耗用量相加而得的。预算期购进成本是一种材料的预算成本，它既可以按现行市场价格确定，也可以根据实际成本或标准成本来确定。

④预算期成本降低额是根据预算期的预算总成本上下期实际数比较而定的。应当指出，餐饮预算期成本降低额是生产过程中的质量指标。特别需要强调的是，餐饮部门降低成本的

途径，只能是充分利用原材料、提高原材料使用率、提高出成率、提高产品质量和减少原材料浪费等几个途径，绝不能用减少切配量、调料量、提高售价或偷工减料等方法，否则，既不利于酒店生产经营管理的改善提高，又会损害顾客利益和酒店声誉。

（2）费用预算　费用预算主要指的是酒店有关费用开支的各项规定和相关开支标准。酒店在预算期内生产经营的预算、人工成本预算、外部融资预算、低值易耗品预算、固定资产预算等有关费用开支，在预算期内可能出现的影响费用支出的各种因素，在预算期内采取的各种控制措施等，都是作为酒店正确编制费用预算指标的重要依据。

为了正确编制费用预算指标，需要根据各个费用项目的不同情况，采取不同的方法加以确定。实际工作中，同一费用项目既可以运用一种方法计算，也可以运用多种方法综合计算，常用的方法有以下几种。

①销售百分比法。在掌握酒店各项费用率历年变化趋势的前提下，结合预算期预计发生的新情况，分别确定与销售收入的最佳比率关系，然后据以计算出各项费用的预算数。需要注意的是，酒店内部各部门的直接费用率是与部门营业收入的百分比，而销售费用率则是与酒店总销售的百分比。

②规定费率计算法。有些费用的支出与发生均是按照规定比率计算的，即某项费用=计费基数×规定比率，比如职工养老保险、折旧费、保险费等，只要计算出计费基数便可以确定该费用预算额。

例如养老保险费：根据现行社会保险规定，酒店应按照职工应缴养老保险基数的一定比例（如某地的缴纳比例为21%）缴纳养老保险费。计算公式如下：

应缴纳养老保险费预算额=预算年度应缴养老保险基数×21%

③直接计算法。在上年实际发送数的基础上，考虑增减因素后直接计算。

例如工资，计算公式如下：

工资预算数=上年实际工资总额＋本年增加职工及调增工资数-本年离职退休职工工资数

④预算包干数确定法。在对所属单位或某些费用项目实行定额控制、预算包干的情况下，直接以预算包干数列入预算，如办公费等。对行政管理部门实行预算包干，由经办单位提出年度开支预算，经批准后，按批准的预算包干，超支不补，节约有奖。

（3）利润预算　包括以下几方面。

①酒店利润预算编制依据。酒店利润预算的编制是以酒店预算期的营业收入预算、成本费用预算为主要依据，结合其他有关材料和上期利润预算的完成情况来编制的。

②利润预算指标。酒店利润预算指标主要有经营利润、营业外收入、营业外支出和利润总额。

③经营利润预算。根据酒店营业收入预算、成本费用预算等项目计算确定的，计算公式如下：

经营利润=营业收入-营业成本-营业税金及附加-营业费用-管理费用-财务费用

公式中的营业税金及附加是酒店按照国家现行税法的规定，在预算期内应向国家缴纳的营业税金及附加数额。

④营业外收支。这些项目应分项进行测算，确定预算指标。在确定营业外收支项目指标

时，必须严格遵守国家规定的项目开支标准，不得任意增列项目或提高开支标准。

⑤利润总额。利润总额预算指标计算公式如下：

预算利润总额=经营利润+营业外收入-营业外支出

利润总额预算指标是经过全面细致地计算而确定的，它与目标利润试算中按主要变动因素大致匡算的利润目标值不一定完全一致。但一般二者的数值比较接近，即预算的利润额应能达到酒店决策的目标利润要求，这时可经过适当调整使得二者数据一致，以利于执行；如二者差距较大，应重新分析测算，或由总经理重新进行决策。

（4）现金预算　现金预算是酒店资金运动的重要表现形式。酒店的现金收入表现为各种资金流入和取得，而现金支出则表现为各种资金的使用和耗费。酒店编制现金预算的目的是有效地控制各种收入的取得，合理安排各项支出，使现金收入和支出在金额和时间上保持平衡，以保证资金运动不间断地进行。现金预算是酒店开展事前控制的一个重要环节，一般通过编制现金预算表加以控制。酒店现金预算一般包括以下内容。

①现金收入。包括预算期的期初现金余额，加上本期预计可能发生的现金收入。一般来说，现金收入的主要来源是营业收入的现付部分和应收账款的回款部分，可以从销售预算中获得此项数据。

②现金支出。包括预算期预计可能发生的一切资金支出，如食品原材料及物资采购费用、职工薪酬福利及相关费用、租金、保险费、银行利息及其他运营费用，还有税金、维护费、购置设施设备等各项款项。

但在资金的实际支出方面，情形又有所不同。例如，酒店食品原材料采购费用通常会按照“押三付一”办法结算，即4月份支付1月份的货款即可，而有些费用，例如工资、租金等则需每月按时支付。

③现金收支综合平衡。将现金收入总额与现金支出总额进行抵扣，如收入大于支出，则出现现金结余，可用来归还以前借款或用来进行短期投资；如收入小于支出，则出现现金缺口，应向银行或业主、股东筹措资金。

三、理论知识考核

1.【判断题】酒店预算指的就是酒店财务预算。（　）

2.【判断题】酒店取得的服务费项目，应将其列为酒店的收入项目，而不是费用项目。（　）

3.【单选题】下列不属于酒店现金预算的内容有（　）。

A. 资金筹措和使用　　B. 现金多余或不足

C. 现金收入　　D. 现金支出

4.【多选题】下列属于酒店财务预算的内容有（　）。

A. 现金预算　B. 收入预算　C. 成本费用预算　D. 利润预算

5.【多选题】下列属于酒店收入预算内容的有（　）。

A. 历史出租率　B. 市场发展趋势　C. 市场占有率　D. 销售价格

四、技能训练

（一）实训任务单

任务描述	根据上一年度酒店经营情况，编制酒店本年度房务部收入预算表	
实训目的	通过编制部门年度收入预算表，能够识别收入预算表应包含的内容	
任务分析	重点	识别酒店收入预算表内容
	难点	按照过往记录，讨论分析后得出本年度收入预算数据
任务时长	1小时	

（二）实训准备

酒店上一年度经营损益表。

（三）操作步骤

1. 确定房务部预算表格式。
2. 制作预算表表头。
3. 确认预算表中各项指标。
4. 根据各项指标所包含的会计科目取数。

（四）操作要点说明

重点关注预算表中各指标所涵盖的会计科目，避免出现取错数值或者漏取数值的情况。

（五）实训过程记录

1. 技能练习

项目	内容
表头	
去年同期数据	
房费收入	
可出租房间数	
出租率	
平均房价	
每间房收益	

2. 问题讨论

（1）什么是酒店可出租房间数？

（2）酒店客房的出租率有什么特征？

五、课后拓展任务

观察酒店餐饮部，识别餐饮部的预算。

1. 任务准备

回忆实习所在酒店餐饮部或网上查找酒店餐饮部年度经营数据。

2. 记录过程

编制酒店餐饮部年度预算表。

任务2 酒店预算编制流程与方法

一、任务导入

酒店一年一度的预算是酒店运营的必修课题，预算做得好，可以更好地激励管理者和一线员工充满激情地开展工作，做得不好，可能效果适得其反，让员工产生消极怠工的情绪。酒店的预算编制是一项全员参与、全面覆盖和全程控制的系统工程，如何更有效率地完成一份好的年度预算，是摆在酒店管理者面前的一顿“年夜饭”。

思考：酒店财务预算编制的流程有哪些?

酒店预算编制流程与方法

二、理论知识

（一）酒店预算编制模式

酒店预算编制模式有自上而下预算编制模式、自下而上预算编制模式和参与制预算编制模式三种。

1. 自上而下预算编制模式

自上而下预算编制模式是指预算由最高管理层具体编制和下达，分部不参与预算编制，而只是预算执行主体。这种预算编制模式的缺点可能会造成下级对预算的抵触情绪，被动执行预算；预算也可能偏离实际，使得预算控制流于形式，达不到预期效果；或者造成下级弄虚作假，虚报成绩，造成信息失真。这种预算编制模式一般只适用于规模较小、经营单一的集权型管理模式的酒店。

2. 自下而上预算编制模式

自下而上预算编制模式是从基层开始，由基层提出成本费用控制指标、收入利润完成指标，逐级汇总形成整个酒店收入、利润总目标。这种预算编制模式往往导致基层单位为自己留有余地：一方面为了能比较轻松地完成预算指标，以获得较高的收益；另一方面为了防止预算期的某些不可预见的事件，导致无法预计的成本。这种基层预算逐级汇总上报后，很可能与整个酒店的总目标不一致，产生不良的预算行为。因此，这种预算编制模式一般只适合于集团资本型控股母公司，对其有独立法人地位的控股子公司编制预算时采用。

3. 参与制预算编制模式

参与制是自上而下与自下而上相结合的预算编制模式。这种模式首先由酒店最高管理层根据酒店的战略目标提出预算目标，然后自下而上编制部门预算，并层层汇总，形成总预算，再自上而下进行协调和调整，最后形成年度预算。参与制预算的关键在于上下级的沟通，上下级达成共识，这样编制的预算与酒店预算目标相一致，是积极、科学、稳妥的。目前，大多数酒店都采取参与制预算编制模式。

（二）酒店预算编制程序

1. 确定预算目标

一般首先由酒店的董事会或最高决策者根据对市场、形势的分析和判断，制定出编制预算的方针，提出饭店总的财政目标，将此方针、目标传达到财务预算组，时间通常在9月份左右，即提前4个月着手开展此项工作。然后，由酒店财务部预算组将酒店最高层领导提出的方针、目标具体化为预算控制指标草案，确定出酒店未来的总体目标和具体内容。最后由预算组召开预算会议，将编制预算的方向、目标及控制指标草案向各部门负责人传达，征求他们的意见。酒店预算会议要为各部门负责人编制详细的部门预算提供指导方向。在预算会议上要审视当年酒店的生产经营情况，分析目前的经营条件、市场竞争情况、价格，预测客房出租率水平和总销售额等。各部门提出意见后，由财务部预算组提出酒店预算编制的具体方针和控制指标建议，并报酒店财务预算委员会审议，由预算委员会将审议结果报总经理办公室，由总经理最后决定预算编制具体方针及预算控制指标，整个过程大约持续1个月。

2. 各部门编制预算草案

酒店各部门要在整体预算方针指导下，结合本部门的实际情况编制各自的部门预算，然后呈交预算主管部门。这一过程要在10月中旬完成。部门负责人将制定好的部门预算草案提交至财务部，并附带有关生产经营的特殊变化进行说明的详细资料。财务部要认真审核这些预算草案的准确性和完善性。

3. 编制总预算

酒店财务部在完成对各个部门预算草案的审核后，需对各部门预算进行综合平衡和调整，经过充分的讨论、协商甚至让步，在此基础上拟出汇总后的酒店整体财务预算草案，报预算委员会审批，并将审批结果报总经理办公室。这一过程需在11月底或12月初完成。总经理和财务总监要审查整个酒店的财务预算草案、部门预算和有关的说明资料，确认所有项目是否合理，是否切实可行。通过审查还要进一步协调好各部门的预算，以保证各部门的经营预算将来都能被董事会认可。

4. 审批并落实财务预算

酒店的最高管理机构（董事会或股东大会）对预算进行审核批准后，由主管预算部门正式下达给饭店的各部门具体执行。酒店一般于12月中旬由总经理召开预算方案落实会议，由财务总监或总会计师宣布财务预算草案的各项指标，经过充分讨论修改补充并按有关规定，经董事会或股东大会批准后，正式下达各部门执行。各部门再将预算指标进行分解，落实到班组、个人，试行目标管理。这一过程在12月下旬完成。

预算编制所经过的每一个环节都要认真执行各自的职责，保证按时按质地完成预算编制的各阶段任务，这样才能使预算的编制建立在正确的编制程序与步骤上，使之真正起到控制标准与考核依据的作用。

（三）酒店预算的编制方法

编制酒店预算时，常用的编制方法包括固定预算方法与弹性预算方法、增量预算方法与零基预算方法等。

1. 固定预算方法与弹性预算方法

固定预算方法（Static Budgeting）是指在编制预算时，只把预算期内正常的、可实现的某一固定业务量水平作为唯一基础来编制预算的一种方法。酒店业是具有明显季节性或淡旺季的行业，其业务量不稳定、波动性较大。尤其在酒店实际经营中，经常受到市场因素、政策因素及社会因素等多方面环境的影响，导致预算期的各指标都可能发生变化，如果完全采用固定预算方法，就很可能对酒店预算的业绩考核和评价产生误导作用。一般来说，固定预算方法只适用于业务量水平比较稳定的酒店。

弹性预算方法（Flexible Budgeting）是指以业务量、成本和利润之间的依存关系为依据，按照预算期可预见的各种业务量水平为基础，编制能够适应多种情况预算的一种方法。弹性预算又称动态预算，是为克服固定预算方法的缺点而设计的。该方法充分考虑预算期各预定指标可能发生的变化而编制出的能适应各预定指标不同变化情况的预算，从而使得预算对酒店的实际情况更加具有针对性。预算的实际执行中，可以根据当时的实际业务情况选择执行相应的预算，并按此预算评价和考核各个部门。可见，弹性预算方法与固定预算方法相比较能够反映预算期内一定范围内可预见的多种业务量水平对应的不同预算额，进而扩大了预算的适用范围，预算从只适应一个业务量水平的预算扩大到能够随着业务量水平的变化而调整的一组预算。这便体现出了弹性预算方法的最大优点——可比性强，克服了固定预算方法的缺点。

业务量的变化会直接影响成本、费用和利润，弹性预算方法从理论上来说适用于所有与业务量相关的指标的预算，而从酒店实际运用来看，主要用于编制弹性成本费用预算。

2. 增量预算方法与零基预算方法

增量预算方法（Incremental Budgeting）是指以历史数据为基础，结合预算期业务量水平及有关影响成本因素的未来变动情况，按预算期内一定的增长率或节约率来编制预算的一种方法。增量预算方法必须以一系列的假定条件为前提，导致受到原有费用项目的限制，只对目前存在的费用项目编制预算，而对酒店发展有利、确实需要开支的费用项目却未作考虑，阻碍了酒店的长期发展。同时也同意鼓励预算编制人员凭借主观臆断只增不减或平均削减成本项目，不利于调动节约成本的积极性。一般来说，增量预算方法常用于酒店的销售预算。

零基预算方法（Zero-base Budgeting）是指在编制成本费用预算时，不考虑以往会计期间所发生的费用项目或费用数额，而是将预算支出以零为出发点，一切从实际需要与可能出发，逐项审议预算期内各项费用的内容及开支标准是否合理，在综合平衡的基础上编制费用预算的一种方法。零基预算方法其实就是指零基础编制计划及预算的方法，这种方法打破了传统编制预算的思维，不再以历史资料为基础进行调整，而是以零为基础进行预算。它要求对每一线业务的人、财、物都进行合理性的估算，并说明其经济效果，并按项目的轻重缓急分配预算经费。

零基预算方法是为了克服增量预算方法的不足而设计的，因此其优点是：首先，不受现有费用项目的限制，避免了原来不合理的费用开支；其次，能够调动各部门节约成本的积极性，促使各部门人员合理使用资金；最后，此种方法对所有费用一致看待，考虑到更多对酒店发展有利的支出，有助于酒店长远发展。

三、理论知识考核

1.【判断题】酒店预算编制往往都是自上而下进行的。（ ）

2.【判断题】酒店预算是由酒店财务部门独立编制而成的。（ ）

3.【单选题】酒店财务预算的编制起点是（ ）。

A. 生产预算　　B. 销售预算

C. 成本费用预算　　D. 现金预算

4.【单选题】（ ）不会影响酒店营业收入预算的编制。

A. 酒店客房销售价格　　B. 客房出租率

C. 顾客消费喜好　　D. 餐饮上座率

5.【多选题】下列属于酒店预算编制方法的有（ ）。

A. 弹性预算方法　　B. 固定预算方法

C. 零基预算方法　　D. 变量预算方法

四、技能训练

（一）实训任务单

任务描述	运用增量预算方法编制酒店下一年度预算	
实训目的	通过编制酒店年度预算，能够识别增量预算方法的特点	
任务分析	重点	识别增量预算方法的计算方法
	难点	酒店成本费用预算的预估
任务时长	1小时	

（二）实训准备

酒店本年度经营报表。

（三）操作步骤

1．确定预算总表格式。

2．收集去年同期实际发生数据及去年预算数据。

3．根据去年同期实际发生数据，结合预算期预期业务量水平，按照一定的增长率或节约率来编制预算。

（四）操作要点说明

重点考虑、分析预算期内是否会有重大事件、政策变动等影响因素，先按照一定的增长率预估销售收入，再根据销售收入额去测算各部门的成分、费用因素，再用增长率的比例去核查，确定最终预算表的利润率。

（五）实训过程记录

1．技能练习

项目	内容
酒店营业收入	
酒店成本费用	
酒店经营利润	
酒店净利润	

2．问题讨论

（1）酒店各部门成本和费用的预估依据是什么？

（2）酒店的客源市场和行业发展发生变化怎么办？

五、课后拓展任务

选择零基预算方法，为一家即将开业的酒店编制开业预算。

1．任务准备

回忆实习所在酒店或网上查找一家即将开业的酒店，做好基础数据。

2．记录过程

从市场状况分析、竞争酒店数据、现有资金分析等方面出发，编制开业第一年年度预算。

项目十
酒店财务分析

项目描述

财务分析是一种通过审查和解释企业的财务报表和其他财务数据，以评估企业的财务状况、经营绩效和未来前景的系统方法。其目的是帮助企业内部管理层、投资者、债权人和其他利益相关者做出明智的财务决策。酒店管理层可以通过财务分析评估其盈利能力、偿债能力、营运能力、发展能力等，通过比较分析法、比率分析法、趋势分析法、因素分析法准确地分析企业的财务状况、经营成果和现金流量。依据财务分析的主体不同，分为内部分析和外部分析。内部分析是企业内部管理部门对本企业的生产经营过程和财务状况所进行的分析；外部分析是企业外部的利益集团根据各自的要求对企业进行的财务分析。本项目将重点介绍酒店财务分析的重要性，以酒店财务会计报告及其他相关资料为主要依据，对酒店的财务状况和经营成果进行评价和剖析，反映酒店在经营过程中的利弊得失和发展趋势，从而为改进酒店财务管理工作和优化经济决策提供重要的财务信息。

学习目标

❶ 知识目标

（1）了解酒店财务分析的内容。

（2）掌握酒店财务分析的基本方法。

❷ 能力目标

（1）具备辨别酒店各类财务信息适用的分析方法。

（2）具备对常用财务信息进行分析的能力。

❸ 思政目标

（1）培养科学严谨的逻辑思维。

（2）端正财务分析的工作态度。

任务1 酒店财务分析内容和方法

一、任务导入

阳光酒店共有客房230间，2015年10月26日接待了213名客人，共出租客房189间，房费收入共计232470元人民币。

请根据以上数据回答下列问题：

1. 该酒店的客房收入是多少？
2. 该酒店的平均房价是多少？
3. 该酒店的出租率是多少？
4. 以上数据通过什么途径获取？

思考：酒店的财务分析都包含哪些具体内容？

二、理论知识

（一）财务分析内容

酒店财务分析的起点是财务报表，财务分析使用的数据大部分来源于酒店的财务报表信息，这些信息反映的是企业经营管理的核心。通常酒店的生产经营状况通过各类报表的形式体现。

1. 内部财务报表

根据酒店内部经营管理需求编制的、不需要对外发布、仅供酒店内部使用的报表，包括收入明细表、成本报表、税金明细表、酒店各部门损益表等。

2. 外部财务报表

外部财务报表是依据《企业会计准则》和《中华人民共和国会计法》的要求和规定编制的、需要对外发布的报表，包括资产负债表、利润表和现金流量表等。

（二）财务分析方法

财务分析步骤　财务分析方法

酒店开展财务分析，需要运用一系列的方法，主要包括比较分析法、比率分析法、趋势分析法和因素分析法等。

1. 比较分析法

比较分析法是通过两个及两个以上相关指标进行对比，确定数量差异，揭示企业财务状况和经营成果的一种分析方法。常见比较内容如下。

（1）实际与计划比较　揭示计划完成情况。

（2）纵向比较　揭示企业发展趋势。

（3）横向比较　揭示企业在行业中的先进程度。

2. 比率分析法

比率分析法是通过计算各种比率指标来确定经济活动变动程度的分析方法。比率是相对数，采用这种方法，能够把某些条件下的不可比指标变为可比较的指标，有利于财务分析。比率的种类如下。

（1）构成比率　局部占总体的百分比。

（2）效率比率　所费与所得的比例。

（3）相关比率　某个项目与相关项目相除得到的比率。

3. 趋势分析法

趋势分析法是通过对比两期或连续数期财务报表中的相同指标，确定其增减变动的方向、数额和幅度，来揭示酒店财务状况或经营成果变动趋势的一种分析方法。采用这种方法，可以分析引起变化的主要原因、变动的性质、并预测酒店未来的发展前景。

4. 因素分析法

因素分析法是依据分析指标与其影响因素的关系，按照一定的程序和方法，确定各因素对分析指标差异影响的一种技术方法。采用这种方法的出发点在于，当有若干因素对分析指标发生影响作用时，假定其他各个因素都无变化，顺序确定每一个因素单独变化所产生的影响。如：连环替代法、差额分析法。

三、理论知识考核

1.【判断题】通过酒店财务分析，不仅能发现问题，而且能够提供最终解决问题的办法。（　）

2.【判断题】在采用因素分析法时，既可以按照各因素的依存关系排列成一定的顺序并依次替换，也可以任意调整顺序，结果是一样的。（　）

3.【单选题】以下关于财务分析方法的描述，哪一项的描述是正确的？（　）

A. 财务分析只关注企业的盈利能力，其他因素如偿债能力和流动性可以忽略

B. 对比分析时，通常会将同一企业的不同时期的财务指标进行比较，以了解财务状况的变化趋势

C. 财务比率分析主要用于评估企业的市场份额和竞争力，而不是财务状况

D. 流动比率越低，表示企业的短期偿债能力越强

四、技能训练

（一）实训任务单

任务描述	通过财务报表简要分析酒店经营情况	
实训目的	掌握基本的财务分析方法	
任务分析	重点	掌握比较分析法、趋势分析法
	难点	对比较结果进行分析
任务时长	1小时	

（二）实训准备

酒店利润表

单位：元

项目	2020.12	2021.12
一、营业收入	15,449.48	16,623.43
减：营业成本	13,407.09	14,667.80
税金及附加	16.00	27.99
销售费用	828.46	915.91
管理费用	562.98	574.43
财务费用	7.29	-2.03
资产减值损失	—	—
加：公允价值变动收益	—	—
投资收益	-121.54	-113.21
二、营业利润	506.12	326.12
加：营业外收入	4.33	5.76
减：营业外支出	0.64	6.11
三、利润总额	509.81	325.77
减：所得税费用	140.37	86.64
四、净利润	369.44	239.13

（三）操作步骤

1. 收集数据。
2. 对数据进行分析。

（四）操作要点说明

1. 理解财务报表各数据的意义。
2. 能够运用最基本的财务分析方法对数据进行简要分析。

（五）实训过程记录

1. 技能练习

项目	内容
操作准备	
操作过程	
操作结束	

2. 问题讨论

运用比较分析法分析酒店生产经营情况需考虑哪些外部因素?

五、课后拓展任务

假设你是一家上市公司的财务分析师，需要对公司近三年的财务报表进行分析，以评估公司的财务状况和经营绩效。请按照财务分析的方法，详细描述你将如何开展这一工作。

任务2 酒店财务分析指标及综合分析

一、任务导入

酒店财务报表中有大量的数据，可以根据酒店需求计算出各种比率及指标，这些比率涉及酒店经营管理的各个方面。为了更好地说明问题，本任务各财务比率及指标将通过某两家酒店数据资料作为实际案例，表10-1和表10-2为A、B两家酒店2012—2021年的各项关键指标。通过对比两家酒店的财务报表关键指标，引发学生对于财务分析比率及指标的兴趣。

思考：酒店常见的财务分析关键指标都有哪些?

二、理论知识

（一）财务指标分析

从财务比率分析的角度来看，财务能力分析包括盈利能力分析、偿债能力分析、资产营运能力分析、发展能力分析、现金流量分析、财务结构分析、综合绩效评价，以上共同构成综合财务分析。

1. 盈利能力分析

评估企业通过经营活动获得利润的能力，关键指标如下。

（1）销售利润率（Net Profit Margin） 即净利润 / 销售收入 × 100%。

（2）总资产收益率（Return on Assets，ROA） 即净利润 / 总资产 × 100%。

（3）净资产收益率（Return on Equity，ROE） 即净利润 / 股东权益 × 100%。

（4）毛利率（Gross Profit Margin） 即毛利 / 销售收入 × 100%。

（5）每股收益（Earnings Per Share，EPS） 即净利润 / 流通在外的普通股股数。

2. 偿债能力分析

评估企业在短期和长期内偿还其债务的能力，关键指标如下。

（1）流动比率（Current Ratio） 即流动资产 / 流动负债。

表10-1 A酒店2012—2021年关键指标

关键指标	2012年	2013年	2014年	2015年	2016年	2017年	2018年	2019年	2020年	2021年
入住率	45.50%	65.70%	69.30%	63.50%	65.30%	71.00%	68.50%	70.80%	53.70%	57.70%
平均房价/元	2282	2356	2345	2304	2055	2060	1843	1560	1797	2019
每房收益/元	1037.46	1548.67	1624.59	1464.07	1341.19	1461.45	1262.89	1105.02	965.76	1165.82
总收入/万元	22,015	31,714	32,318	29,048	26,763	28,617	25,157	22,667	18,703	22,767
客房收入/万元	15,210	22,384	23,482	21,162	19,439	21,124	18,254	15,972	13,997	16,851
餐饮收入/万元	5734.40	7752.63	7304.16	6517.78	6275.44	6487.61	5931.14	5750.48	4088.51	5157.57
GOP/%	26.90	47.40	48.80	46.80	44.10	43.50	37.80	38.90	42.20	37.90

表10-2 B酒店2012—2021年关键指标

关键指标	2012年	2013年	2014年	2015年	2016年	2017年	2018年	2019年	2020年	2021年
入住率	62.10%	69.10%	70.00%	72.30%	74.20%	74.80%	62.40%	68.40%	52.50%	59.90%
平均房价/元	3081	2773	2661	2453	2207	2129	2146	1748	1973	2338
每房收益/元	1914.03	1917.21	1863.71	1772.41	1637.19	1592.49	1339.61	1196.35	1036.02	1401.66
总收入/万元	43,097	43,305	42,718	41,164	39,599	38,561	32,343	29,243	25,240	34,145
客房收入/万元	31,127	31,164	30,339	29,020	26,928	26,259	22,117	19,772	16,993	22,835
餐饮收入/万元	10,316.86	10,228.99	10,318.04	10,065.74	10,741.77	10,267.00	8412.00	7713.17	6611.74	8577.58
GOP/%	58.30	56.40	53.80	52.40	50.90	47.90	44.20	43.50	44.20	48.50

（2）速动比率（Quick Ratio） 即（流动资产 - 存货）/ 流动负债。

（3）现金比率（Cash Ratio） 即（现金 + 现金等价物）/ 流动负债。

（4）资产负债率（Debt to Asset Ratio） 即总负债 / 总资产 × 100%。

（5）产权比率（Equity Ratio） 即负债总额 / 股东权益总额 × 100%。

（6）利息保障倍数（Interest Coverage Ratio） 即息税前利润 / 利息费用。

（7）长期负债与资本总额比率（Long-term Debt to Capitalization Ratio） 即长期负债 /（长期负债 + 股东权益）× 100%。

3. 资产营运能力分析

评估企业利用其资产进行经营活动的效率和效果，关键指标如下。

（1）总资产周转率（Total Asset Turnover Ratio） 即销售收入 / 平均总资产。

（2）应收账款周转率（Accounts Receivable Turnover Ratio） 即净销售额 / 平均应收账款。

（3）存货周转率（Inventory Turnover Ratio） 即销售成本 / 平均存货。

（4）固定资产周转率（Fixed Asset Turnover Ratio） 即销售收入 / 平均固定资产净值。

（5）营运资本周转率（Working Capital Turnover Ratio） 即销售收入 / 平均营运资本。

4. 发展能力分析

评估企业的成长潜力和持续发展的能力，关键指标如下。

（1）销售收入增长率（Sales Growth Ratio） 即本期销售收入增长额 / 上期销售收入 × 100%。

（2）净利润增长率（Net Profit Growth Ratio） 即本期净利润增长额 / 上期净利润 × 100%。

（3）总资产增长率（Total Asset Growth Ratio） 即本期总资产增长额 / 上期总资产 × 100%。

（4）股东权益增长率（Equity Growth Ratio） 即本期股东权益增长额 / 上期股东权益 × 100%。

（5）每股收益增长率（Earnings Per Share Growth Ratio） 即本期每股收益增长额 / 上期每股收益 × 100%。

（6）市场份额（Market Share） 即企业销售收入 / 行业总销售收入 × 100%。

（7）研发投入比例（Research and Development Expenditure Ratio） 即研发投入 / 销售收入 × 100%。

5. 现金流量分析

评估企业现金流入和流出的情况，关键指标如下。

（1）经营活动现金流量（Operating Cash Flow） 经营活动产生的现金流量净额。

（2）投资活动现金流量（Investing Cash Flow） 投资活动产生的现金流量净额。

（3）筹资活动现金流量（Financing Cash Flow） 筹资活动产生的现金流量净额。

（4）自由现金流（Free Cash Flow） 即经营活动现金流量 - 资本支出。

6. 财务结构分析

评估企业的资本结构和财务稳定性，关键指标如下。

（1）股东权益比率（Equity Ratio） 即股东权益 / 总资产。

（2）负债比率（Debt Ratio） 即总负债 / 总资产。

（3）资本结构比率（Capital Structure Ratio） 即长期负债 /(长期负债 + 股东权益)。

7. 综合绩效评价

综合利用各类财务比率和指标，通过对比分析，评价企业整体财务状况和经营绩效，通常包括以下两种。

（1）杜邦分析（DuPont Analysis） 将ROE分解为净利润率、总资产周转率和权益乘数三部分，深入分析盈利能力、资产利用效率和财务杠杆的影响。

（2）经济增加值（Economic Value Added，EVA） 即净营业利润税后 − 资本费用 ×（资本成本 × 投资资本）。

（二）酒店常见指标分析

（1）每间可使用客房的营业毛利率（GOPAR） GOPAR反映了酒店通过提升销售额、控制营运成本来实现利润的经营管理能力，而提升销售额、控制营运成本是酒店管理最直接可操控的创收手段。GOPAR的公式如下：

GOPAR=营业毛利 / 可使用客房数，GOPAR在比例基础上计算得出，因而可用于比较竞争对手或可比较酒店内部的营业毛利。GOPAR在扣除任何管理费之前计算得出，故该比率能用于第三方管理公司经营的酒店和所有者经营的酒店之间的比较。

（2）整体平均房价　整体平均房价反映了酒店每间入住客房的平均房价。计算方式如下：

整体平均房价 = 一定期间的客房收入总额 / 该段时间的入住客房数量

（3）细分客源平均房价　为方便分析，许多酒店均为每个细分客源（散客客房、团体订房、合同订房）计算了平均房价。每个细分客源的平均房价计算方法是用特定细分客源一定期间的客房收入除以该细分客源入住期间的客房数量。入住客房包括已经支付房费的入住房和基于促销或合同入住的客房，免费客房不包括在内。计算公式如下：

每个细分客源平均房价=细分客源客房收入 / 细分客源入住客房数量

（4）每间可用房的客房收入（REVPAR） 每间可用房的客房收入度量的是一定期间实现的酒店客房收入相对于可用房的收益率。REVPAR受入住率和整体平均房价这两个因素的影响，能用于比较不同阶段的业绩或实际与对比的业绩。此外，因为客房收入根据酒店客房的数量分摊，所以还能用于与竞争对手或可比酒店之间的比较，计算方法如下：

REVPAR=客房收入总额 / 可用房数量

（5）每间可用房的收入总额　每间可用房的收入总额（总的REVPAR）度量的是一定期间实现的酒店收入总额相对于可用房的收益率。总的REVPAR能用于度量自上期以来收入总额发生的变化情况或用于比较实际与对比的业绩。该指标更好地反映了酒店的收益率或增长率，其计算方法如下：

总的REVPAR=收入总额 / 可用房数量

（三）分析实例

财务分析的最终目的在于全方位地揭示与披露酒店经营的状况，并依此对酒店经济效益的优劣做出合理的评价。通过对两家酒店相关财务指标和运营指标进行对比分析，可以更好地了解各酒店的经营状况，找出存在的问题，并采取相应的措施加以改进。本部分将详细介绍酒店如何将实际数据和对比数据进行对比分析。分析可采用文字、图、表等表现形式。

1. 收集数据

首先，酒店需要收集实际数据和对比的相关数据。这些数据包括客房出租率、餐饮收入、会议收入、娱乐收入等各项业务的收入情况，根据不同的分析方向、目标可以对相关数据进行收集。

2. 整理数据

在收集到数据后，酒店需要将其整理成统一的格式，便于后续的分析。可以将各项指标和支出分别列出，然后计算出总收入和总支出。同时，还可以根据需要对数据进行分类汇总，如按月份、按部门等。

根据任务内容，数据整理如表10-3至表10-7所示。

为了更直观地展示实际数据和对比数据的比对情况，酒店可以建立一个简单的模型（图10-1）。这个模型可以是一个表格，也可以是一个图表。在表格或图表中，将实际数据和对比的数据分别放在左右两边，用不同的颜色或线条表示。这样一来，就可以清晰地看出实际数据和对比数据之间的差距。

在建立了模型之后，酒店需要对结果进行分析。分析顺序从大指标先开始分析，根据重要性原则再对小指标进行分析。首先，要看实际数据和对比数据之间的差距是否合理。如果差距较大，可能说明酒店的经营管理存在问题，需要及时进行调整。其次，要分析差距产生是因为客房出租率下降、餐饮收入减少，还是因为员工工资上涨、物料采购成本增加导致的。找到原因后，才能有针对性地采取措施进行改进。

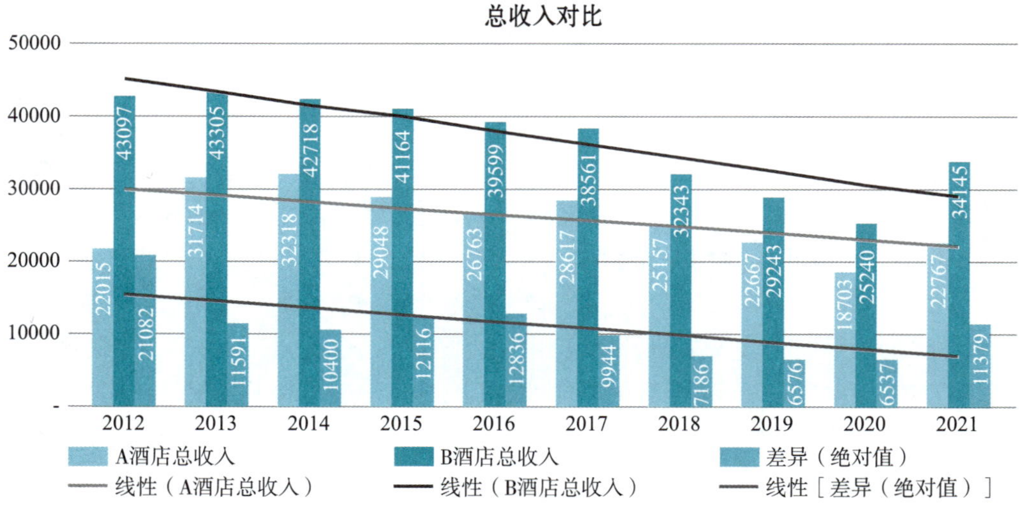

图10-1 酒店总收入对比图

表10-3　A、B酒店总收入指标对比

单位：元

指标-总收入	2012年	2013年	2014年	2015年	2016年	2017年	2018年	2019年	2020年	2021年
A酒店	22,015	31,714	32,318	29,048	26,763	28,617	25,157	22,667	18,703	22,767
B酒店	43,097	43,305	42,718	41,164	39,599	38,561	32,343	29,243	25,240	34,145
差异	21,082	11,591	10,400	12,116	12,836	9944	7186	6576	6537	11,379

表10-4　A、B酒店客房收入指标对比

单位：元

指标-客房收入	2012年	2013年	2014年	2015年	2016年	2017年	2018年	2019年	2020年	2021年
A酒店	15,210	22,384	23,482	21,162	19,439	21,124	18,254	15,972	13,997	16,851
B酒店	31,127	31,164	30,339	29,020	26,928	26,259	22,117	19,772	16,993	22,835
差异	15,917	8779	6858	7858	7489	5135	3863	3800	2996	5984

表10-5　A、B酒店入住率指标对比

指标-入住率	2012年	2013年	2014年	2015年	2016年	2017年	2018年	2019年	2020年	2021年
A酒店	45.5%	65.7%	69.3%	63.5%	65.3%	71.0%	68.5%	70.8%	53.7%	57.7%
B酒店	62.1%	69.1%	70.0%	72.3%	74.2%	74.8%	62.4%	68.4%	52.5%	59.9%
差异	16.7%	3.4%	0.8%	8.7%	8.9%	3.8%	-6.1%	-2.4%	-1.2%	2.2%

表10-6 A、B酒店每房收益指标对比

单位：元

指标-每房收益	2012年	2013年	2014年	2015年	2016年	2017年	2018年	2019年	2020年	2021年
A酒店	1037.46	1548.67	1624.59	1464.07	1341.19	1461.45	1262.89	1105.02	965.76	1165.82
B酒店	1914.03	1917.21	1863.71	1772.41	1637.19	1592.49	1339.61	1196.35	1036.02	1401.66
差异	876.58	368.54	239.12	308.34	296.01	131.04	76.72	91.33	70.26	235.83

表10-7 A、B酒店平均房价指标对比

单位：元

指标-平均房价	2012年	2013年	2014年	2015年	2016年	2017年	2018年	2019年	2020年	2021年
A酒店	2281.56	2356.13	2344.81	2303.84	2055.15	2059.82	1843.49	1560.24	1797.18	2019.17
B酒店	3080.69	2772.71	2660.98	2453.09	2206.56	2129.00	2145.62	1747.99	1972.54	2338.06
差异	799.13	416.58	316.17	149.25	151.40	69.18	302.14	187.75	175.36	318.88

3. 分析数据

通过模型数据可以看出，A酒店与B酒店各年收入变动趋势基本一致，自2012年至2021年整体呈下降趋势，其中B酒店下降幅度较大。2012年至2021年，A酒店与B酒店收入差距整体呈逐年缩小态势，但2021年B酒店收入上升幅度明显高于A酒店，拉大与A酒店的差距，2017年至2020年A酒店与B酒店收入比维持在76%，2021年为67%，收入较B酒店下滑明显；2021年在市场变化较频繁难测的情况下B酒店表现较好。

4. 改进措施

根据分析结果，酒店可以制定相应的改进措施。这些措施可以包括调整价格策略、提高服务质量、优化库存管理、降低成本等。在制定措施时，要注意综合考虑各个方面的因素，确保改进措施既能提高收入，又能降低成本。

（1）软件方面　提升服务品质应为工作重点，即需要保证酒店服务人员充足，完成员工招聘，达到合理的人房比为1.45～1.5（B酒店2021年为1.45）。提高员工工作效率，加强培训，充分利用第三方提供的培训机会提高酒店员工面客技巧、服务意识等。制定行之有效的员工鼓励、奖励政策来调动员工服务积极性。

（2）硬件方面　可通过增加行政楼层或行政礼遇提高房价，将出租率较低的园景客房改造成儿童戏水房增加平均房价及出租率。

（3）营销战略　应提高平台渠道的产品定价频率，并紧跟市场变化、酒店库存、房态等变动调整酒店定价。与酒店相符的品牌跨界合作，实现合作共赢。制作视频、软文等增加社交媒体等渠道的曝光率。

制定改进措施后，酒店还需要对其执行情况进行监控。可以通过定期查看实际数据和对比数据，以及各部门的业绩数据，来了解改进措施是否取得了预期的效果。如果发现效果不佳，要及时调整措施，确保酒店的经营状况得到改善。

财务分析在企业财务管理中起着重要的作用，是评价企业经营业绩及财务状况的重要依据。通过企业财务状况分析，可了解企业现金流量状况、营运能力、盈利能力、偿债能力，有利于管理者及其相关人员客观评价经营者的经营业绩和财务状况，通过分析比较将可能影响经营成果和财务状况的微观因素和宏观因素、主观因素和客观因素加以区分，划清责任界限，客观评价经营者的业绩，促进经营管理者的管理水平更好提高。

财务分析是为债权人、投资者提供正确信息以实施决策的工具。企业的投资者可通过财务分析，了解企业获利和偿债能力，预测投资后的风险程度及收益水平，从而做出正确决策。为企业内部管理人员了解经营情况及方向、挖掘潜力、找出薄弱环节提供依据。为了提高经济效益、加强管理、提供可靠资料，企业的管理人员通过对其成本利润的情况的了解，及时发现企业存在的问题，进而采取对应措施，改善其经营管理模式，使企业经济效益提高。

三、理论知识考核

1.【判断题】对酒店来说，资产负债率越高越好。　（　）

2.【判断题】总资产周转率越高，反映酒店的销售能力越强。（　　）

3.【单选题】最能反映酒店举债能力的是（　　）。

A. 资产负债率

B. 资本保值增值率

C. 应收账款周转率

D. 销售利润率

四、技能训练

（一）实训任务单

<table>
<tr><td>任务描述</td><td colspan="2">以下是C酒店2023年的财务指标与营运指标数据，请根据这些数据选择正确的分析结论。
财务指标与营运指标数据：
1. 营业收入同比增长率：10%
2. 净利润同比增长率：5%
3. 毛利率：45%
4. 客房出租率：75%
5. 平均房价（ADR）：500元/间
6. 每间可销售房收入（REVPAR）：375元/间
7. 员工流动率：20%</td></tr>
<tr><td>实训目的</td><td colspan="2">掌握分析酒店各项财务指标的方法</td></tr>
<tr><td rowspan="2">任务分析</td><td>重点</td><td>指标分析与关联性</td></tr>
<tr><td>难点</td><td>分析酒店经营状况并提出改进建议</td></tr>
<tr><td>任务时长</td><td colspan="2">1小时</td></tr>
</table>

（二）实训准备

财务报表、营运数据。

（三）操作步骤

1. 数据收集，制表。
2. 指标分析：财务指标、营运指标分析。
3. 酒店经营管理情况分析。
4. 提出改进建议。

（四）操作要点说明

1. 数据整理分析应准确完整。
2. 差异原因合理、改进措施应具有针对性和可行性。

（五）实训过程记录

1. 技能练习

项目	内容
操作准备	
操作过程	
操作结束	

2. 问题讨论

通过以上数据，分析该酒店的综合盈利水平？

五、课后拓展任务

在酒店客房经营中，除基本的客房数量、出租率和平均房价影响收入外，还有许多其他因素也起着至关重要的作用。本拓展任务旨在深入分析这些因素，并探讨如何通过优化这些因素来进一步提高酒店的客房收入。

要求：分析影响客房收入的其他因素、探讨提高客房收入的策略。

参考文献

[1] 万光玲. 餐饮成本控制 [M]. 广州: 广东旅游出版社, 2010.

[2] 李雯. 酒店采购部、仓储部精细化管理与服务规范 [M]. 北京: 人民邮电出版社, 2011.

[3] 匡粉前. 餐饮成本核算与控制一本通 [M]. 北京: 化学工业出版社, 2012.

[4] 王起静. 现代酒店成本控制 [M]. 广州: 广东旅游出版社, 2009.

[5] 张洪山, 张学华. 现代酒店管理实用全书 [M]. 呼和浩特: 内蒙古人民出版社, 2009.

[6] 米勒, 等. 餐饮成本控制 [M]. 黄文波, 孙超, 主译. 天津: 南开大学出版社, 2004.

[7] 高春雷. 餐饮业物品采购管理与成本控制 [M]. 北京: 北京工业大学出版社, 2013.

[8] 蔡升桂. 酒店财务部精细化管理与服务规范 [M]. 北京: 人民邮电出版社, 2011.

[9] Jack D. Ninemeier. 餐饮经营管理 [M]. 张俐俐, 纪俊超, 主译. 北京: 中国旅游出版社, 2002.

[10] Michael L. Kasavana, Richard M. Brooks. 前厅部的运转与管理 [M]. 包伟英, 主译. 北京: 中国旅游出版社, 2002.